Comentário ao Tratado
da Trindade *de Boécio*
Questões 5 e 6

FUNDAÇÃO EDITORA DA UNESP

Presidente do Conselho Curador
Herman Jacobus Cornelis Voorwald

Diretor-Presidente
José Castilho Marques Neto

Editor-Executivo
Jézio Hernani Bomfim Gutierre

Conselho Editorial Acadêmico
Alberto Tsuyoshi Ikeda
Áureo Busetto
Célia Aparecida Ferreira Tolentino
Eda Maria Góes
Elisabete Maniglia
Elisabeth Criscuolo Urbinati
Ildeberto Muniz de Almeida
Maria de Lourdes Ortiz Gandini Baldan
Nilson Ghirardello
Vicente Pleitez

Editores-Assistentes
Anderson Nobara
Fabiana Mioto
Jorge Pereira Filho

TOMÁS DE AQUINO

Comentário ao Tratado da Trindade *de Boécio*
Questões 5 e 6

Tradução e introdução de
Carlos Arthur R. do Nascimento

1ª reimpressão

Copyright © 1998 by Editora da UNESP
Direitos de publicação reservados à
Fundação Editora da UNESP (FEU)
Praça da Sé, 108
01001-900 – São Paulo – SP
Tel.: (0xx11) 3242-7171
Fax: (0xx11) 3242-7172
www.editoraunesp.com.br
www.livrariaunesp.com.br
feu@editora.unesp.br

Dados Internacionais de Catalogação na Publicação (CIP)
(Câmara Brasileira do Livro, SP, Brasil)

Tomás, de Aquino, Santo, 1225?-1274.
   Comentário ao *Tratado da Trindade* de Boécio: questões 5 e 6 / Tomás de Aquino; tradução e introdução de Carlos Arthur R. do Nascimento. – São Paulo: Fundação Editora da UNESP, 1999. – (Biblioteca Clássica)

   Título original: Sancti Thomae de Aquino opera omnia.
   Bibliografia.
   ISBN 85-7139-239-0

   1. Filosofia medieval 2. Tomás, de Aquino, Santo, 1225?-1274 3. Trindade I. Nascimento, Carlos Arthur R. do, 1935-. II. Título. III. Série

99-1963   CDD-189

Índice para catálogo sistemático:
1. Filosofia medieval ocidental 189

Editora afiliada:

Asociación de Editoriales Universitarias
de América Latina y el Caribe

Associação Brasileira de
Editoras Universitárias

À Comissão de Filosofia Medieval do Brasil e ao Centro de Estudos de Filosofia Patrística e Medieval de São Paulo, que tornaram este estudo menos solitário.

Sumário

Prefácio . 9

1 Introdução à leitura do Comentário de Tomás de Aquino ao *Tratado da Trindade* de Boécio, questões 5 e 6: divisão e modo de proceder das ciências teóricas
Carlos Arthur R. do Nascimento . 11

Bibliografia . 57

Anexos . 74

I - Esquema dos artigos 1 e 3 da questão 5 . 74

II - Tomás de Aquino – Proêmio ao Comentário à *Metafísica* de Aristóteles . 75

III - Tomás de Aquino – Exposição sobre os *Segundos Analíticos* de Aristóteles, Livro I, cap. 25 . 79

IV - Tomás de Aquino – Exposição sobre o *Perihermeneias,* Livro I, cap. 3 . *85*

2 Santo Tomás de Aquino – Sobre o *Tratado da Trindade* de Boécio.
Exposição do Capítulo Segundo . *93*

Questão 5 . *98*

Questão 6 . *139*

Prefácio

O presente texto resulta de um longo trato com as questões 5 e 6 do Comentário de Tomás de Aquino ao *Tratado da Trindade* de Boécio. Na verdade, o primeiro contato com este Comentário se deu ainda na graduação em Filosofia no Estúdio da Província Dominicana brasileira, por volta de 1957. Posteriormente, foi ele estudado em sucessivos cursos ministrados no já citado Estúdio (1964), na PUC/SP (1983) e na Unicamp (1993 e 1995). A dissertação de mestrado sobre *O estatuto epistemológico das ciências intermediárias* (1967) teve também a ver com ele.[1] Uma primeira tradução parcial (q. 5, a. 1 e corpo do a. 3) foi feita por ocasião do curso na PUC/SP. Finalmente, em 1992, foi proposto ao CNPq o projeto da tradução integral das questões 5 e 6, tendo sido esta ultimada em janeiro de 1996.

Quero deixar aqui expresso meu agradecimento ao CNPq, por dois períodos de bolsa de pesquisa entre 1992 e 1996. Também à Fapesp, por um auxílio para pesquisa bibliográfica

---

1 Cf. *De Tomás de Aquino a Galileu*, Coleção Trajetória, 2, IFCH, Unicamp, 1995, p.13-97.

no Departamento de Estudos Clássicos e Medievais da Universidade de Montreal (1992). Sou devedor também aos colegas Serge Lusignan, pela acolhida neste Departamento; Cícero Araújo, pela ajuda na pesquisa bibliográfica na Universidade McGill de Montreal; Mariano Brasa Diez e Urias Correa Arantes, por me terem obtido, respectivamente, a tradução espanhola (Pamplona, 1986) e a alemã (Stuttgart, 1988) do Comentário.

Agradeço, enfim, às diversas turmas de alunos que seguiram os cursos mencionados e que me ofereceram a ocasião de testar a tradução e a explicação do texto de Tomás de Aquino.

A tradução começou a ser feita a partir da edição do Comentário por Bruno Decker, Leiden, E. J. Brill, 1959, 2.ed. Com a publicação do texto crítico definitivo pela Comissão Leonina (Paris: Ed. du Cerf, 1992, tomo 50), foi ela inteiramente revista para se adequar a este. Aliás, apesar das diferenças de método, o resultado final da edição Leonina é praticamente equivalente ao da edição feita por Bruno Decker (cf. tomo 50, p.57, n.1).

1
Introdução à leitura do Comentário de Tomás de Aquino ao Tratado da Trindade *de Boécio, questões 5 e 6: divisão e modo de proceder das ciências teóricas*

Já se disse que a nomenclatura e a organização das disciplinas nos programas de estudo, as classificações das ciências e das artes ou técnicas, assim como as divisões da filosofia são simultaneamente enganadoras e muito significativas. Enganadoras, porque em períodos de rápidas mudanças as novidades se dissimulam frequentemente sob antigas rubricas e velhos blocos ultrapassados atravancam com sua rotina a renovação dos conteúdos e dos métodos. Significativas, porque as soluções que estes problemas recebem num determinado meio intelectual são sempre reveladoras das tendências deste meio, traem a maneira como se compreende a síntese do saber e o papel que se lhe atribui na vida da sociedade.[1]

No século XIII, esse tipo de problema se reflete nas "introduções à filosofia" procedentes da faculdade de artes[2] e ocupa um

---
1 Cf. Paré, Brunet, Tremblay, 1933, p.94; Van Steenberghen, 1954.
2 Cf. Lafleur, 1988; Lafleur & Carrier, 1992.

momento ou outro os mestres da faculdade de teologia. Os "artistas" e "mestres da sagrada doutrina" debruçam-se sobre uma herança variada e complexa, para dizer o mínimo, num esforço incansável de ordená-la e esclarecê-la. Tomás de Aquino não constitui uma exceção neste domínio e podemos encontrar no seu *Sobre o Tratado da Trindade de Boécio*[3] boa parte do que tem a dizer sobre o assunto. De fato, nas questões 5 e 6 desta *Expositio* Tomás de Aquino apresenta sua maneira de entender a divisão tripartida das ciências teóricas em física, matemática e metafísica (filosofia primeira, teologia). Ao reler a divisão de origem aristotélica,[4] vê-se ele obrigado a confrontá-la com outras, especialmente a divisão estoica da filosofia em lógica, física e ética e a divisão das sete artes liberais componentes do trívio e do quadrívio.[5]

O comentário ao *Tratado da Trindade* de Boécio é, do ponto de vista literário, bastante semelhante ao *Escrito sobre os Livros das Sentenças do Mestre Pedro Lombardo*, do próprio Tomás de Aquino. Ambas as obras comportam uma parte de explicação do texto que está sendo estudado, seguindo-se questões discutidas a partir do mesmo texto. Em ambos os comentários (a Boécio e ao Lombardo), a parte mais relevante e mais desenvolvida são justamente as questões, e a parte referente à explicação do texto é bastante breve e não acrescenta muito à letra deste.

Há acordo entre os estudiosos em considerar o *Sobre o Tratado da Trindade de Boécio* como autêntico. Jamais houve dúvida a este respeito pois dispomos de cerca de dois terços (q. 3, a.

---

3 Tomás de Aquino, *Expositio super librum Boethii De Trinitate*, 1959; Idem, *Super Boetium De Trinitate*, 1992, t.50.
4 *Metafísica* VI, 1, 1025 b 1 – 1026 a 30; *Física* II, 7, 198 a 29-31. Estes textos são referidos nos argumentos 1 e 2 *sed contra* do artigo 1° da questão 5.
5 Ver os argumentos 2° e 3° do artigo 1° da questão 5.

2 – q. 6, a. 4; manuscrito Vat. Lat. 9850) do original escrito pelo próprio comentador. Quanto à data de composição, há também acordo em situá-la no período do primeiro ensino parisiense (1252-1259) e mesmo na segunda parte deste (1255-1259). O editor da Leonina, Pierre-M. J. Gils, depois de ponderar as hipóteses para precisar esta datação e os dados disponíveis, chega à seguinte conclusão:

> Parece, portanto, razoável concluir de todos estes argumentos que o *Sobre o Tratado da Trindade de Boécio* deve ser colocado em alguma parte a meio caminho entre o meio das *Questões disputadas sobre a verdade* e o começo do *Contra os gentios*, ou seja, nos anos 1257-58 ou começo de 59, como o Pe. Mandonnet tinha mais ou menos adivinhado.[6]

Não se sabe ao certo por que Tomás de Aquino decidiu comentar o pequeno Tratado de Boécio e nem por que deixou o comentário inacabado. De fato, ele é o único a fazê-lo no século XIII. Boécio, como lógico, tinha sido superado pela "lógica nova" (tratados do *Organon* além das *Categorias* e da *Hermeneia*) e a doutrina trinitária não era mais o centro das preocupações teológicas. O contraste com o século XII, a "idade boeciana", é notável, bastando lembrar que há mais de vinte comentários ao *Tratado da Trindade* neste século.[7] Foi formulada a hipótese de que Tomás teria se ocupado com o texto de Boécio depois de terminado seu período de bacharel sentenciário e enquanto aguardava a agregação ao colégio dos mestres da Universidade de Paris. Mas isso significaria datar o *Sobre o Tratado da Trindade de Boécio* do ano de 1256, o que conflita com a datação antes mencionada.[8]

---

6 Ed. cit., p.9, 2ª col., *in fine*.
7 Cf. Elders, 1974, p.12-7.
8 Ibidem, p.19-20.

A parte comentada corresponde ao prólogo e aos capítulos primeiro e segundo do *Tratado da Trindade*. A cada uma destas partes, Tomás de Aquino dedica, após a exposição literal, duas questões divididas em quatro partes (posteriormente denominadas artigos). O assunto de conjunto das seis questões é o conhecimento das realidades divinas. É neste contexto que são integradas as questões que poderiam ser consideradas aparentemente digressivas, como a questão quarta sobre as causas de pluralidade, e as questões quinta e sexta, respectivamente, sobre a divisão das ciências especulativas e seus modos de proceder.

O plano da questão quinta é aparentemente óbvio. O artigo primeiro, de caráter genérico, se pergunta sobre a adequação da divisão proposta por Boécio. Os artigos seguintes (2-4) são dedicados cada um a uma das ciências (física, matemática, ciência divina) integrantes da divisão tripartida das ciências teóricas já mencionada. Na verdade, parece que tal distribuição é, antes de tudo, aparente. Quando se percorre com mais atenção esta questão verifica-se que o tema de cada um de seus artigos é um pouco diferente e que o plano da questão não é tão linear quanto parece.

Haveria, de fato, uma correspondência entre os artigos 1 e 3, tratando o primeiro do fundamento da divisão tripartida das ciências teóricas nas próprias coisas e o segundo, das operações intelectuais que correspondem a este fundamento da parte das coisas. Esses dois artigos seriam os mais importantes da questão e mostrariam que a divisão abordada tem um fundamento tanto na natureza das coisas como nos processos característicos do conhecimento intelectual humano.

Por seu lado, os artigos 2 e 4 abordam problemas mais particulares. O artigo 2 retoma o velho problema da possibilidade do conhecimento científico do mundo material. Como é possível um conhecimento necessário, portanto imutável, de coisas sujeitas a mutação? O artigo 4 aborda o problema novo da relação entre a teologia filosófica e a teologia da Sagrada Escritura. Problema este que só poderia surgir caso se admitisse um corpo de escritos aceitos como revelados (caso do judaísmo, do cristianismo e do islamismo), o que não ocorria na Grécia clássica.

Antes de passarmos a uma análise mais detalhada dos artigos componentes da questão 5, é importante ressaltar que se trata, tanto nesta questão como na 6, de uma divisão simultaneamente da ciência teórica e da filosofia teórica. O próprio vocabulário do texto, que usa de maneira intercambiável os termos "ciência" e "filosofia", bem como "filosofia natural", "ciência natural" e "física", indica que se trata de um texto no qual não se tem em conta a distinção moderna (na realidade pós-kantiana) entre filosofia e ciência. O próprio termo cientista é de uso bem recente, pois dataria do século XIX.[9] Quando Galileu pretendia se atribuir algum título e falar do que ele fazia, falava de "filósofo natural" e de "filosofia natural". Mesmo ainda a justamente célebre obra de Sir Isaac Newton traz o título de *Princípios matemáticos da filosofia natural*.

O corpo do artigo primeiro da questão 5 estabelece, logo de início, a distinção entre intelecto teórico ou especulativo e intelecto operativo ou prático. Tal distinção fundamenta-se na finalidade visada: a consideração da verdade, no primeiro caso, e a ordenação da verdade considerada à operação, no se-

---

[9] Cf. Lebrun, 1977, p.50. Ver, no entanto: Galilei, 1933, p.212, lin.16: "*Voi, da vero* scienziato, *fate una ben ragionevol domanda*" (grifo nosso).

gundo. A esta distinção corresponde uma entre o que é matéria das ciências práticas (as coisas que podem ser feitas por nossa obra) e o que é matéria das ciências especulativas (coisas que não são feitas por nossa obra).

É de acordo com a distinção destas últimas que as ciências especulativas serão distinguidas. Ora, é preciso ter em conta que os hábitos ou potências não se distinguem de acordo com quaisquer distinções dos objetos, mas de acordo com aquelas que competem a estes enquanto tais, isto é, na medida em que são objetos. Portanto, é preciso dividir as ciências especulativas de acordo com as distinções do que é objeto de especulação (do especulável) ou de conhecimento científico teórico, precisamente enquanto é objeto de especulação.

O objeto de especulação ou de conhecimento científico teórico deve apresentar duas características: por se tratar de um conhecimento intelectual, seu objeto deve ser imaterial, visto o intelecto também o ser; por se tratar de um conhecimento científico, seu objeto deve ser necessário, isto é, destituído de movimento no sentido mais amplo, ou seja, não sujeito a mutação. O especulável, objeto da ciência especulativa, deve, pois, ser separado da matéria e do movimento. A distinção das ciências especulativas obedecerá, pois, à ordem de afastamento da matéria e do movimento.

Aplicando-se esse critério, devemos distinguir os especuláveis que dependem da matéria (e do movimento) para serem, daqueles que não dependem dela no que se refere ao ser. O primeiro tipo de especuláveis subdivide-se em duas classes: a daqueles que dependem da matéria para serem e para serem inteligidos e a daqueles que dependem da matéria para serem, mas não para serem inteligidos. A primeira classe equivale àquilo cuja definição inclui a matéria sensível. É disso que se ocupa a física ou a ciência natural. A segunda classe não comporta a matéria sensível em sua definição e é disso que trata a matemática. Os especuláveis que não dependem da matéria para ser podem ser sem esta, quer nunca sejam nela como os entes positivamente imateriais (Deus, os anjos), quer às vezes sejam na matéria e às vezes não, como o que é negativamente imaterial (substância, qualidade, ente, potência, ato, uno, múltiplo etc.). A teologia, metafísica ou filosofia primeira, se ocupa tanto dos primeiros como dos segundos. Estes três nomes são atribuídos à mesma ciência a partir de três pontos de vista. É denominada teologia porque Deus é o principal do que nela é conhecido; é chamada de metafísica porque devemos aprendê-la depois da física, já que nosso conhecimento vai do sensível ao não sensível; finalmente, é chamada de filosofia primeira na medida em que todas as ciências lhe são posteriores na ordem lógica ou da natureza, por receberem dela seus princípios.

Tomás de Aquino considera que não é possível um quarto setor de conhecimento que trataria do que seria dependente da matéria, no que se refere ao ser inteligido, e não depende desta, no que se refere ao ser, pois o intelecto, como já foi apontado, é de si imaterial.

Observemos que nesse primeiro artigo Tomás de Aquino procura justificar a divisão das ciências teóricas ou as três partes da filosofia especulativa com base no próprio modo de ser das coisas. Conforme estas incluam ou não a matéria e, caso incluam, conforme a incluam em sua essência (devendo, portanto, tê-la como um dos elementos de sua definição), ou não (podendo então serem definidas à parte da matéria). A palavra "abstração", ou termos aparentados, não comparece no texto, ou melhor, há uma única utilização do adjetivo "abstraídas" no ad 10m para caracterizar as "coisas matemáticas". Não se menciona também o termo "grau" que se tornou de uso corrente nos discípulos de Tomás de Aquino.[10] De fato, Tomás de Aquino serve-se da expressão *"secundum ordinem remotionis a materia et motu scientiae speculativae distinguuntur"*. Podemos até formular a hipótese de que tal maneira de se expressar seria conscientemente escolhida, uma vez que contemporâneos seus utilizaram a palavra "grau". Neste sentido, podemos citar, por exemplo, Roberto Kilwarby que escrevia no seu *De ortu scientiarum* por volta de 1250:

> *Ad tertium dicendum quod omnis scientia abstrahit, et maxime speculativa. Et primus et minimus gradus abstractionis est a sensibili signato, et iste competit phisico. Secundus et ulterior gradus est omnino a motu alterativo et materia transmutabili, non tamen omnino a motu et omnino a materia, et iste competit mathematico. Tertius et ultimus est omnino ab accidente, ut consideretur substancia in sua puritate, et iste competit metaphisico. Tertio, tolle dimensiones quantitativas et restat nuda substancia, et hec est ultima abstraccio et pertinet ad metaphisicum.*[11]

Teremos ocasião de voltar a este tópico quando abordarmos o artigo terceiro.

---

10 Não seria talvez destituído de interesse pesquisar quem teria introduzido essa terminologia que se generalizou nos manuais *"ad mentem Sancti Thomae"*. Ela já se encontra em Domingos Bañez (1528-1604), *Scholastica commentaria in primam partem Angelici Doctoris D. Thomae*, (2v., 1584-1588, q. 1, a. 3, Ed. L. Urbano, Valencia, Feda, 1934), citado em Vicente, 1964, p.290, n.231. Mas, ao contrário do que afirma L. Vicente, João de Santo Tomás (1589-1644) não parece utilizar essa terminologia.

11 Cap.25 ad 3, fol. 31 vb. Citado em Weisheipl, 1965, p.77, n.81.

Tomás de Aquino retomou em vários textos posteriores[12] o quadro apresentado neste artigo primeiro da questão quinta deste *Sobre o Tratado da Trindade de Boécio*. Nestes textos predomina uma terminologia que remete às próprias coisas, sendo então o critério de distinção das ciências teóricas a separabilidade da matéria. As coisas são sujeito das distintas ciências teóricas, *sicut separabiles sunt a materia* (*Sententia libri De sensu et sensato*, Prohemium, p.3, lin. 2). Na 1ª lição da *Expositio* sobre a *Física* (que na realidade é uma espécie de proêmio), faz-se a passagem entre a separação ou a dependência da matéria (ou, dito de modo mais geral, a referência à matéria) e o modo de definir, acompanhando este último a primeira consideração, isto é, referência à matéria. É de notar também que nesta 1ª lição da *Expositio* sobre a *Física* e mais ainda no proêmio da *Expositio* sobre a *Metafísica* o verbo "abstrair" é utilizado no sentido de "separar-se" da matéria, de não depender desta, de ser imune dela. Portanto, num sentido que faz referência à própria maneira de ser das coisas.[13]

---

12 Citemos, pelo menos, os seguintes: *Expositio libri Boetii De ebdomadibus*, IV, p.278 b 20-31 – 279 a 32-34; *Sententia libri De anima*, III, II, p.212b 222-238; *Sententia libri De sensu*, Prohemium, p.3-4; *In Aristotelis libros Physicorum*, I, I; *Sententia libri Metaphysicae*, Prohemium.

13 Tomás de Aquino vincula continuamente a inteligibilidade à imunidade de matéria. Tal se deve ao caráter potencial desta. Um trecho do *Sobre o Tratado da Trindade* (questão 4, artigo 2) esclarece bem este ponto: "a matéria é cognoscível de dois modos. De um modo, por analogia ou proporção como se diz no Liv.I da *Física*. Quer dizer, de tal modo que digamos que é matéria aquilo que se porta para com as coisas naturais como a madeira para com a cama. De outro modo, é conhecida pela forma pela qual tem o ser em ato. De fato, algo é conhecido na medida em que está em ato, e não na medida em que está em potência, como se diz no Livro IX da *Metafísica*".

Outro tópico relevante no artigo 1º, que estamos analisando em alguns de seus aspectos, é o caráter unitário da metafísica para Tomás de Aquino. Quer dizer, os três nomes "teologia", "metafísica" e "filosofia primeira" designam a mesma ciência ou parte da filosofia na medida em que 1) Deus é o principal do que nela se estuda, 2) deve ser abordada depois da física (na ordem de aprendizagem) e 3) estuda os primeiros princípios de todo conhecimento.[14] Tomás de Aquino inscreve-se na corrente daqueles que consideram a ciência dos seres positivamente imateriais, bem como a ciência dos princípios gerais do conhecimento como integradas na ciência do ente considerado como tal. Voltaremos a este tópico a propósito do artigo quarto. Notemos apenas que Tomás de Aquino se apoia em Avicena para afirmar a integração da teologia na ciência do ente como tal.[15]

As respostas aos argumentos iniciais acrescentam várias precisões ao que é dito no corpo do artigo primeiro. Relembremos, em primeiro lugar, que o ad 1m apresenta a elaboração de elementos provenientes da *Ética a Nicômaco*. A noção de virtude como disposição estável (hábito) que torna bom o agente e sua ação (cf. *Ét. a Nic.* II, 6, 1106 e 15–17), a teoria das três virtudes intelectuais especulativas e duas práticas (*Ét. a Nic.* VI, 3, 1139 b 15 – 7, 1141 b 8). Essas elaborações são plenamente assumidas por Tomás de Aquino, como se poderá verificar por meio de um confronto com os textos correspondentes da segunda parte da *Suma de Teologia*. Veja-se, por exemplo, Ia IIae 56, 3 e 57, 2, respectivamente. É

---

14 Note-se, a respeito do terceiro aspecto, uma divergência com o Prólogo do comentário à *Metafísica*. Cf. Wippel, 1984, p.55-67.
15 Cf. *Sententia libri Metaphysicae*, VI, I, n.1165.

claro que isso não decide a questão discutida de saber se tais elaborações representam a própria opinião de Aristóteles.[16]

O ad 2m representa uma tomada de posição ante a divisão da filosofia em racional (lógica), natural (física) e moral (ética) adotada pelos estoicos e transmitida, entre outros, por Santo Agostinho, que é citado no segundo argumento inicial (*Cidade de Deus*, livro VIII, cap.4). A lógica é neste ad 2m vista no papel que a tradição aristotélica lhe atribuiu de "instrumento" (*organon*) da ciência". Daí não fazer propriamente parte da filosofia especulativa e ser incluída nesta apenas redutivamente. Esta maneira de encarar a lógica, mesmo dentro da tradição aristotélica, pode ser considerada como apenas parcial, uma vez que o próprio Tomás de Aquino relembra na questão 6 deste mesmo texto uma outra perspectiva tão ou até mesmo mais importante do que aquela aqui posta em relevo. Aí a lógica aparece como uma ciência geral paralela à metafísica, tratando do ente na medida em que é conhecido intelectualmente pelo ser humano e analisando as características do ente na medida em que é assim conhecido, isto é, de que se reveste no nosso conhecimento intelectual. Essas características são aquilo que Tomás de Aquino denomina os "inteligidos da segunda ordem" (*secundo intellecta*) ou a consideração das intenções (*intentiones*) como tais, como, por exemplo, o gênero, a espécie, o oposto, a definição, o predicado, o silogismo etc.[17]

---

16 Ver os comentários de R. A. Gauthier a estas passagens da *Ética*.
17 Cf. q. 6, a. 1, resp. à 1ª questão; a. 1, resp. à 2ª questão, ad. 3m; a. 3, resp. Ver também uma importante passagem do comentário à *Metafísica* (*Sententia libri Metaphysicae*, IV, IV, nº 574); e Schmidt, 1966, p.41-8.

O ad 3m marca a posição de Tomás de Aquino em relação ao quadro das sete artes liberais como divisão da filosofia especulativa. Essa posição é clara e sem concessões: "cabe dizer que as sete artes liberais não dividem de maneira suficiente a filosofia teórica". O que testemunha o caráter superado desse quadro classificatório em meados do século XIII.

A resposta de Tomás se escalona claramente em duas etapas. Ou melhor: há uma dupla resposta a partir de dois pontos de vista distintos. A primeira situa-se do ponto de vista pedagógico. Deste ponto de vista, Tomás de Aquino retoma a indicação de Hugo de São Vitor,[18] segundo a qual as sete artes representam um papel propedêutico em relação à filosofia "porque, por meio delas, como se fossem certas vias, o espírito ardoroso penetra nos segredos da filosofia".

O segundo ponto de vista procura justificar o caráter de "arte" dessas disciplinas, situando-as ante as demais ciências teóricas e ante as artes mecânicas, sendo então denominadas artes liberais. O que caracteriza estas últimas é que "implicam não só conhecimento, mas uma certa obra que procede imediatamente da razão, como a construção gramatical, formar um silogismo ou um discurso, enumerar, medir, compor uma melodia e calcular o curso dos astros".[19]

O ad 4m contém uma esclarecedora análise do par teórico/prático quando referido ao conjunto da filosofia, às artes ou a uma determinada disciplina como a Medicina. Nos primeiro e segundo casos, distingue-se o teórico do prático pelo fim visado: teórico é o que visa apenas ao conhecimento,

---

18 *Didascalicon*, III, cap. 3.
19 Ver, a respeito, também, *Suma de teologia* Ia. IIae q. 57, a. 3, especialmente o ad 3m.

e prático o que visa à operação. Mas, quando se trata da filosofia em sua totalidade, faz-se referência ao fim da vida humana no seu conjunto: a beatitude contemplativa ou ativa. Ao passo que, em se tratando das artes, faz-se referência aos fins particulares destas. É neste sentido que se diz que a agricultura é uma arte prática e a dialética, teórica. Enfim, quando se fala de uma parte teórica e de uma parte prática de uma determinada disciplina (por exemplo, a Medicina), a referência é à menor ou maior proximidade da operação.

A resposta ao quinto argumento inicial trata do problema das relações entre as diferentes ciências. Problema este que será abordado também nas respostas ao 6º e 7º argumentos, no que se refere às relações da metafísica e as demais ciências e que retornará no artigo 3º, ad 5m e 6m, no que diz respeito às "ciências intermediárias", caso que é uma particularização da subalternação referida aqui neste ad 5m.

Tendo em conta esta última resposta, bem como a seguinte, podemos propor um quadro de conjunto sobre as relações entre as ciências teóricas, como segue:

Uma ciência está compreendida sob outra
- do ponto de vista das relações entre seus sujeitos
  - *como parte* (seu sujeito é parte do sujeito de outra: planta – corpo natural)
  - *como subalternada* (a ciência superior determina o *porquê* daquilo de que na ciência inferior só se conhece o *quê*: corpo curável – corpo natural)
- do ponto de vista do modo de considerar
  - a ciência inferior tem o mesmo modo de considerar da superior

A divisão apresentada no ad 5m visando distinguir a ciência subalternada de uma simples parte de uma ciência é imperfeita, pois há uma mudança de ponto de vista entre o primeiro e o segundo membros da divisão proposta. De fato, o primeiro membro é apresentado do ponto de vista dos sujeitos das ciências em questão, ao passo que o segundo membro é determinado com base no tipo de explicação de que se servem as ciências em causa. Essa imperfeição será corrigida por Tomás de Aquino na sua *Expositio* sobre os *Segundos Analíticos*.[20] Neste último texto, Tomás distingue com clareza os dois pontos de vista: a) dos sujeitos das ciências; b) dos tipos de explicação. A classificação de acordo com o segundo ponto de vista faz intervir o critério que já aparecia no *Sobre o Tratado da Trindade*, isto é, a ciência subalternante explica o *porquê* daquilo de que se conhece o *quê* na ciência subalternada. A classificação, porém, de acordo com o primeiro ponto de vista aperfeiçoa o *Sobre o Tratado da Trindade*, distinguindo a parte propriamente dita do sujeito da ciência subalternante – uma espécie deste, como no caso da planta em relação ao corpo natural – de uma parte em sentido impróprio, isto é, aquela que deriva do acréscimo de uma diferença acidental ao gênero sujeito da ciência subalternante. Seria o caso, por exemplo, da diferença "sonoro" acrescentada ao "número" para formar o gênero sujeito da música "número sonoro" ou ainda a diferença "radiante" acrescentada à linha para constituir o gênero sujeito da ótica "linha radiante" (raio luminoso ou visual).[21]

---

20 *Expositio libri Posteriorum*, I, 25, cujo texto segue esta introdução em anexo; tradução de nossa autoria.
21 No seu comentário dos *Segundos Analíticos*, Tomás de Aquino se valeria de uma proposta de Roberto Grosseteste, *In Posteriorum Analyticorum libros* I, 12.

O critério mesmo modo/modo diferente de considerar (posto em jogo nas respostas ad 6m e ad 7m) intervém sobretudo para diferenciar a metafísica das demais ciências. Essa relação vai ser também abordada do ponto de vista da ordem de estudo das ciências. A esse respeito, Tomás de Aquino recorre à distinção aristotélica[22] do mais cognoscível em si e do mais cognoscível para nós, o que lhe permite justificar a distinção entre a ordem pedagógica e a ordem lógica ou ontológica. Quer dizer: a ordem de aprendizado das ciências não coincide necessariamente com sua ordem de prioridade lógica ou de primado ontológico de seu gênero sujeito. Tal é o tema das respostas ad 9m e ad 10m, onde Tomás se apoia sem dúvida na distinção aristotélica mencionada, mas valendo-se fortemente de Avicena, a ponto de o ad 9m ser basicamente um resumo de passagens da *Shifa*,[23] o que é indicado discretamente pela citação inicial do filósofo árabe.

Relembremos, enfim, como já observamos anteriormente, que no ad 10m aparece pela primeira vez no texto da questão 5 o adjetivo "abstracta" (abstraídas, abstratas) qualificando as "res mathematica" (coisas matemáticas). O tema da abstração nos ocupará longamente a propósito do artigo terceiro.

Como dissemos antes, o artigo segundo da questao quinta parece ter menos relevo que o primeiro e não se ocupa de fato da pergunta formulada ("Se a filosofia natural trata do que é no movimento e na matéria"), e sim da questão de saber como é possível haver ciência do que é sensível, sujeito por natureza a todo tipo de alteração, uma vez que esta é um conhecimento do necessário, isto é, daquilo que é dotado do

---

22 Cf. Aubenque, 1966, p.62-6.
23 Cf. Wippel, 1984, p.37-54.

mais alto grau de estabilidade. A resposta básica de Tomás de Aquino, nas pegadas de Aristóteles e opondo-se a Platão, consiste em distinguir duas considerações da matéria: "a matéria existente sob dimensões indicadas" ou simplesmente "matéria indicada" (que é o que individua as coisas, situa-as num lugar e tempo determinados e as torna sujeitas às transformações) e "a matéria não indicada" ou "comum". A primeira não faz parte na noção (*notio*) ou determinação (*ratio*) das coisas móveis, ao passo que a segunda, sim. Com efeito, "a noção de ente humano, que a definição significa e de acordo com a qual a ciência argumenta, é considerada sem estas carnes e estes ossos, mas não sem as carnes e os ossos de modo absoluto". É assim que, longe de ser necessário postular "as ideias", ou seja, "certas substâncias separadas dos sensíveis, a respeito das quais tratariam as ciências e seriam dadas as definições", como pretendeu Platão, basta ter em conta que é possível a noção de alguma coisa *ser considerada* sem a matéria individual e retendo apenas a matéria comum. Essa consideração é uma "abstração do universal ... em relação ao particular".[24] Essas noções ou determinações universais ou formas, no sentido de forma do todo,[25] "na medida em que se referem às coisas das quais são determinações (*rationes*), coisas estas que são na matéria e no movimento, são princípios

---

24 Tal abstração já é aqui contrastada com a "abstração da forma". Este ponto será longamente desenvolvido no artigo 3º, onde receberá explicitamente a denominação de "abstração do todo".

25 Tomás de Aquino fala de determinação (*ratio*) ou forma (*forma*) que, por oposição ao todo ou composto de matéria e forma, não é gerada ou corrompida senão acidentalmente, pois não se faz a casa ser, mas esta casa. Trata-se da forma inteligível ou quididade da coisa (cf. ad 2m). Ver também Geiger, 1963, p.115.

para o conhecimento destas, pois toda coisa é conhecida pela sua forma".[26] O corpo do presente artigo, bem como a resposta ao primeiro argumento supõem conhecida a doutrina de que "a matéria existindo sob dimensões indicadas" é o princípio de individuação das substâncias materiais. Tal doutrina foi detalhada por Tomás de Aquino no *Sobre o Tratado da Trindade* na questão 4, artigo 2º.[27]

O artigo terceiro desta questão quinta do *Sobre o Tratado da Trindade* é, sob muitos aspectos, digno de nota. Em primeiro lugar, no que se refere à sua própria elaboração, que custou a Tomás de Aquino boa dose de trabalho. Conforme pode ser verificado pelo exame das correções no autógrafo,[28] o texto da resposta do presente artigo foi redigido nada menos que quatro vezes, e a primeira redação teve três versões distintas. Temos, pois, um total de seis versões. Esse aspecto é importante, não só porque nos permite ver o pensamento de Tomás se elaborando e as opções que deixa de lado e as que conserva, mas também para nos livrar de vez de uma não infrequente representação desencarnada do mestre do século XIII. Por mais dotado e inspirado que fosse, não escapava ao regime de conhecimento dos mortais (como, aliás, irá ele relembrar na questão 6, artigo 3º).[29]

Este artigo 3º é também, se não a passagem, pelo menos uma das passagens nas quais Tomás de Aquino mais desenvolve suas considerações a respeito da abstração, tema este

---

26 A resposta ao quarto argumento detalha um pouco mais esta "referência às coisas". Cf. Klubertanz, 1952.
27 Cf. Bobik, 1953 e 1965; Morris, 1996.
28 Cf. Ed. Leonina, p.146; Ed. B. Decker, p.231-3.
29 Bastaria relembrar as anedotas em torno da vela quando os mestres varam a noite escrevendo ou ditando. Cf. Bataillon, 1983, p.428.

central em sua maneira de considerar o conhecimento intelectual humano. Temos, então, nesse artigo um bom ponto de apoio para uma compreensão da abstração de acordo com o próprio Tomás de Aquino, podendo assim comparar sua concepção com a de outros autores (sobretudo suas fontes: Aristóteles, Boécio...). E, em consequência, nos livrar também de um discurso mais ou menos vago sobre a abstração, como se se tratasse de algo óbvio de Aristóteles ao presente.

Em terceiro lugar, o artigo 3º foi centro de acirrados debates no período que se seguiu à Segunda Guerra, estendendo-se principalmente até o final da década de 1960. Esses debates giraram sobretudo em torno da noção de separação e de sua relação com a abstração. Tal discussão constituiu uma ocasião para se testar a propriedade interpretativa dos comentadores dos séculos XVI e XVII. No presente caso, sobretudo Tomás de Vio (o cardeal Cajetano) e João Poinsot (João de Santo Tomás). No final das contas, parece que se pôde perceber com razoável clareza um distanciamento terminológico e doutrinal entre estes e o próprio Tomás de Aquino.

Quanto a seu conteúdo, o artigo terceiro, como aliás já indicamos, só indiretamente ou até mesmo aparentemente responde à questão de saber "se a consideração matemática trata, sem movimento do que é na matéria". De fato, ocupa-se ele muito mais em estabelecer quais operações do intelecto humano, em consonância com as condições das próprias coisas (apontadas no artigo 1º), concorrem para a constituição dos gêneros sujeitos das três ciências especulativas.

Há três grandes pressupostos na construção do presente artigo: a distinção de duas operações do intelecto, a definição da verdade como conformidade com a coisa e a relação entre inteligibilidade e ato.

Logo no início do corpo do artigo, Tomás de Aquino evoca a distinção de origem aristotélica de uma dupla operação do intelecto.[30] A primeira é a inteligência dos indivisíveis pela qual se conhece o que é alguma coisa, e a segunda pela qual compõe-se e divide-se, isto é, formam-se enunciados afirmativos ou negativos. A essa dupla operação, Tomás associa, seguindo Avicena,[31] à primeira, a natureza da coisa,[32] à segunda, "o próprio ser (esse) da coisa".[33]

---

30 Cf. *Sobre a alma*, Liv.III, cap.5, 430 a 26-28.
31 Cf. Geiger, 1963, p.104; Garceau, 1968, p.125-9.
32 Notar que, a este propósito, Tomás de Aquino utiliza a palavra "grau": "a primeira operação visa a natureza da coisa, de acordo com a qual a coisa inteligida ocupa um certo grau entre os entes, quer seja uma coisa completa como um certo todo, quer uma coisa incompleta como uma parte ou um acidente".
33 É preciso observar que Tomás de Aquino fala aqui da primeira e da segunda operações do intelecto, denominando-as "inteligência dos indivisíveis" e "composição ou divisão". É pela segunda operação que expressamos um juízo (cf. *Expositio libri Peryermenias* I, 3, p.17 a, lin. 167-172; tradução em anexo). No entanto, juízo não é sinônimo de segunda operação, nem vice-versa. Podemos ter composição ou divisão, e não juízo. Podemos suspendê-lo ou permanecer em dúvida sobre a verdade ou não do enunciado em questão. Podemos também ter juízo sem composição ou divisão. É o que se dá no nosso conhecimento sensorial. Seria também o que se passaria com inteligências superiores à nossa (Deus e os anjos). É de toda importância não identificar pura e simplesmente três perspectivas que se implicam no nosso conhecimento intelectual: a) as operações do intelecto; b) a distinção entre apreensão e juízo; c) os estados ou movimentos do intelecto (dúvida, suspeita, assentimento-opinião, certeza, fé). Ver, a este respeito, Garceau, 1963, que, no entanto, não chega a sistematizar satisfatoriamente o material estudado. Remete ele para os artigos de Cunningham (1954 e 1957) que são, no mínimo, muito sugestivos.

Vem, em seguida, a formulação de que "a verdade do intelecto provém do fato de que se conforma à coisa".[34] Desse pressuposto deriva que a segunda operação do intelecto tem margem de jogo mais estreita do que a primeira. De fato, de acordo com a segunda operação não é possível abstrair (isto é, tendo em conta o dito no artigo precedente, considerar à parte) o que está reunido nas coisas, pois, ao abstrair significar-se-ia que há separação nas coisas, o que acarretaria falsidade no intelecto. No entanto, no tocante à primeira operação, é possível abstrair o que não está separado nas coisas, pois trata-se aqui de uma intelecção de algo, nada inteligindo acerca de qualquer outro, isto é, nem que aquele primeiro esteja unido a ele, nem que não esteja. Dito em outros termos: sem implicar afirmação ou negação.

O terceiro pressuposto vem estreitamente vinculado à exposição anterior: "Toda coisa é inteligível na medida em que está em ato",[35] "sendo este aquilo a partir do que toda natureza obtém sua determinação (*ratio*)", podendo tal natureza ser ela própria um ato (caso das formas substanciais simples) ou ter um ato (caso das substâncias compostas de matéria e forma que são inteligidas pelas suas formas), ou ainda comportar uma referência a um ato (a matéria-prima é inteligida por sua referência à forma e o vácuo, pela ausência de corpo localizado).

---

34 A definição da verdade em termos de adequação é atribuída por Tomás de Aquino (cf. *Questões disputadas sobre a verdade*, q. 1, a. 1) a Isaac Israeli, embora não se encontre no seu *Liber de deffinitionibus* (ed. Muckle, I. T. *Archives d'Histoire Doctrinale et Littéraire du Moyen Âge (Paris)*, v.12-3, p.299-34, 1937-1938). Ver a respeito: Muckle, 1933; Vande Wiele, 1954. Trata-se, na realidade, de uma definição da verdade proveniente de Avicena.

35 Ver *supra*, nota 13.

Desse terceiro pressuposto deriva uma consequência direta: quando a própria natureza, de acordo com aquilo pelo que é constituída sua noção e pelo que ela própria é inteligida, comporta uma ordem ou dependência em relação a algo de outro, então essa natureza não pode ser inteligida sem esse outro. A dependência em relação a algo de outro pode ser de três tipos: a relação da parte para com o todo (pé para com o animal) ou então a relação da forma para com a matéria (arrebitado para com o nariz), ou ainda, em se tratando de coisas distintas, podem elas manter uma relação necessária (como o pai para com o filho). Reciprocamente, se algo não depende de outro, de acordo com o que constitui a determinação de sua natureza, então pode ser abstraído desse outro e ser inteligido sem ele; isto, seja qual for o tipo de relação que mantenham: coisas separadas, como o ente humano e a pedra; parte e todo, como a letra e a sílaba, ou ainda o animal e o pé; forma e matéria ou acidente e sujeito, como a brancura e o ente humano.

Posto isto, é possível precisar as diferentes maneiras de o intelecto distinguir de acordo com suas operações. De acordo com a composição e divisão, distingue ao inteligir que algo não está em outro. De acordo com a intelecção do que é algo, distingue ao inteligir o que é algo, nada inteligindo a respeito de outro, isto é, nem inteligindo que seja com ele, nem que não seja. O primeiro modo de distinguir é denominado separação, e o segundo reserva para si o nome de abstração, isto é, consideração à parte do que está unido nas coisas. De acordo com os modos de união já referidos (parte e todo; forma e matéria), há, pois, dois modos de abstração do todo em relação à parte e da forma em relação à matéria.

Resta, agora, determinar qual tipo de forma pode ser abstraído da matéria, bem como de qual tipo de partes o todo pode ser abstraído. De acordo com o já dito a respeito da inteligibilidade de algo, é possível dizer que pode ser abstraída de alguma matéria a forma cuja determinação essencial não depende de tal matéria. Ora, como a determinação do acidente depende da substância, é impossível que as formas acidentais sejam separadas da substância. Mas, se tivermos em conta que os acidentes advêm à substância numa certa ordem (quantidade, qualidade, afecções, movimento), é possível inteligir a quantidade na matéria-sujeito, antes que se inteljam nela as qualidades sensíveis, pelas quais ela é justamente denominada matéria sensível. Não dependendo, pois, na sua determinação essencial das qualidades sensíveis, a quantidade e o que a acompanha pode ser abstraída destas. É destes abstratos que a matemática se ocupa.[36]

Também o todo não pode ser abstraído de quaisquer partes. Há, de fato, partes das quais a determinação do todo de-

---

[36] Notar o paralelo entre a maneira como Tomás de Aquino considera a constituição do sujeito da matemática e a distinção moderna entre qualidades primárias e secundárias. Cf. Galilei, 1973, § 48. Tomás de Aquino considera que a determinação essencial de quantidade não depende da matéria sensível, mas apenas da matéria inteligível, isto é, da própria substância, pois, "removidos os acidentes, a substância não permanece compreensível senão ao intelecto, pelo fato de que as potências sensíveis não alcançam a compreensão da substância". A maneira precisa como Tomás de Aquino caracteriza a "matéria inteligível" não é constante. Aqui no *Sobre o Tratado da Trindade* e no *In libros Physicorum* (II, 3, nº 5) ela se identifica com a substância; na *Suma de teologia* (q. 85, a. 1, ad 2m), trata-se da "substância na medida em que subjaz à quantidade"; em outros textos (*Sententia De anima* III, 8; *Sententia libri Metaphysicae* VII, 10, nº 1496, 11, nº 1507-1508, VIII, 5, nº 1760; *Expositio libri Posteriorum* I, 41, p.152 b, lin. 89-99, II, 9, p.206 b, lin. 71-80 – p.207 a, lin. 81-86) é identificada com o próprio contínuo (*ipsa continuitas*). Cf. Geiger, 1963, p.122, n.1.

pende; isto é, ser tal todo equivale a ser composto de tais partes, como a sílaba é composta de letras e o corpo misto de elementos. Estas partes são denominadas partes da espécie e da forma, pois são partes da definição do todo, não podendo este ser inteligido sem elas.

Há, no entanto, partes que são acidentais ao todo como tal. Por exemplo, é acidental ao círculo que seja dividido em dois semicírculos ou em dois setores desiguais, ou até mesmo num maior número de setores iguais ou desiguais; são também acidentais ao ente humano partes como o dedo, o pé ou a mão. Tais partes não são exigidas para a intelecção do todo em questão e não entram em sua definição; até, pelo contrário, é o todo que entra na definição de tais partes, que são denominadas partes da matéria. É desse modo que se portam para com o todo as partes indicadas – por exemplo, esta alma, este corpo, este osso, esta unha etc., para com o ente humano como tal. Donde, o ente humano poder ser abstraído pelo intelecto de tais partes, e tal abstração é uma abstração do universal em relação ao particular.

Em resumo, é possível dizer que há duas abstrações do intelecto: uma primeira correspondente à união da forma e da matéria ou do acidente e do sujeito – trata-se da abstração da forma quantitativa da matéria sensível; uma outra correspondente à união do todo e da parte – trata-se da abstração do todo universal das partes acidentais.

É possível reforçar esta conclusão através do exame dos casos recíprocos. De fato, não é possível haver abstração da parte em relação ao todo, pois, das duas, uma: se se tratar de parte da matéria, o todo entra em sua definição e ela não pode ser inteligida à parte do todo; se se tratar de parte da forma ou da espécie, então ela pode ser sem o todo (como a linha sem o triângulo, a letra sem a sílaba ou o elemento sem o corpo misto), e no que pode ser à parte, antes há separação do que abstração, conforme o dito anteriormente. Também não é possível abstração da matéria sensível em relação à forma quantitativa, pois ela pressupõe a quantificação para receber as qualidades sensíveis e o movimento. A substância (denominada aqui matéria inteligível) pode ser sem a quantidade. Estamos, de novo, diante de um caso de separação, de preferência a abstração.

Para maior clareza, é possível agora apresentar um quadro final resumindo todo o percurso da exposição apresentada no corpo do artigo terceiro. O nosso intelecto opera uma tríplice distinção. Uma de acordo com a operação pela qual o intelecto compõe e divide. Esta é denominada propriamente separação e compete à ciência divina ou metafísica. Uma outra, de acordo com a operação pela qual o intelecto forma as quididades das coisas. Trata-se da abstração da forma em relação à matéria sensível, que compete à matemática. Uma terceira, também de acordo com esta mesma operação, e que é a abstração do todo universal em relação ao particular. Este terceiro tipo de distinção ou segundo de abstração compete à física e é comum a todas as ciências, na medida em que nestas deixa-se de lado o acidental e considera-se o que é por si.

Uma não distinção entre os dois últimos tipos de distinção (abstração) em relação ao primeiro (separação) levou os pitagóricos e os platônicos a sustentarem erradamente entidades matemáticas e universais separadas dos sensíveis.

Este é, em resumo, o conteúdo do corpo do artigo terceiro da questão quinta do *Sobre o Tratado da Trindade*. Acrescentemos algumas observações que aparecem nas respostas aos argumentos iniciais do mesmo artigo.

O primeiro argumento é uma velha e persistente objeção à abstração: inteligir algo diferentemente de como é é cair no erro.[37] Tomás de Aquino responde que o matemático não considera as coisas diferentemente de como são. Com efeito, não inteliges que a linha é sem matéria sensível; apenas a considera e suas propriedades, sem considerar a matéria sensível. Tal consideração que prescinde da consideração da matéria sensível é possível porque "o que compete à natureza da linha não depende do que faz a matéria ser sensível, mas antes o contrário". É, pois, válido o dito de Aristóteles (*Física* II, 3, 193 b 35): "não há erro para os que abstraem".

A resposta ao segundo argumento relembra a distinção já apresentada em *O ente e a essência* (cap.2, nº 20-21) das diferentes acepções de "corpo": corpo como substância e corpo como algo dotado de três dimensões, e que pertence ao gênero da quantidade.

A resposta aos terceiro argumento aponta resumidamente o papel da quantidade na individuação das substâncias materiais, tema já aflorado no corpo do artigo segundo.

As respostas aos quinto, sexto, sétimo e oitavo argumentos referem-se às disciplinas que Tomás de Aquino chama de "ciências intermediárias". A resposta ao sexto argumento dá a definição técnica dessas disciplinas: são ciências "que aplicam os princípios matemáticos às coisas naturais". Alguns dos exemplos conhecidos de Tomás de Aquino eram, além da astronomia e da música (harmonia), que faziam parte do quadrívio, a perspectiva (ótica), a mecânica e a ciência dos pesos (estática). Tomás de Aquino tem uma teoria relativamente desenvolvida das ciências intermediárias, que tinham

---

37 Cf. Boécio, *Comentário a Isagoge*, 2.ed., Liv.I, nº 11.

para ele um inegável interesse como tipo epistemológico, pois lhe forneciam um modelo (paradigma) para atribuir à sagrada doutrina (teologia) o caráter de ciência.[38] As ciências intermediárias têm uma longa e movimentada história, de Aristóteles a Galileu, no mínimo, para não falar de Isaac Barrow, contemporâneo de Newton.[39]

Antes de passarmos ao artigo quarto e último da questão que estamos percorrendo, detenhamo-nos em algumas considerações complementares sobre este artigo terceiro.

A primeira delas diz respeito à própria abstração. Esta palavra foi criada por Boécio (*abstractio*) para traduzir a palavra grega *apháiresis*. Ao que tudo indica, Aristóteles foi o primeiro a usá-la em sentido técnico e unívoco, em conexão com a constituição do sujeito da matemática. Esta se ocupa das entidades matemáticas (*tà mathematiká*) que são idênticas às entidades abstratas (*tà apháireta*). Por oposição a Platão, Aristóteles sustenta que as entidades matemáticas não têm independência no ser. Trata-se apenas de aspectos das coisas físicas que o matemático isola para estudá-los como tais. Este processo é que é denominado abstração (*apháiresis*), dele resultando aquilo de que a matemática se ocupa (*tà ex apháiréseos*).[40]

Boécio estende o significado da abstração apoiando-se em Alexandre de Afrodísia. A mente humana tem o poder de

---

38 Cf. Chenu, 1969: Schilebeeckx, 1965, p.79-142, 191-219, esp. p.100.
39 Tentar resumir aqui essa história, mesmo no que se refere apenas a Tomás de Aquino, seria desproposital. Contentemo-nos em remeter a alguns estudos pertinentes. Ver bibliografia, seção Matemática e Ciências Intermediárias.
40 Ver: Kambartel, 1971; Regis, 1936.

compor o que está separado nas coisas e de separar o que está unido. Ora, a mente recebe dos sentidos as naturezas incorpóreas misturadas com os corpos. Pode, no entanto, por meio de uma "divisão, abstração ou assunção", considerá-las sem os corpos em que estão. Um bom exemplo é justamente a consideração da linha à parte do corpo onde tem o ser. É assim que são formados os universais.[41]

A maneira como Tomás de Aquino entende a abstração supõe este alargamento de sentido praticado por Boécio. É assim que a abstração abarca para ele tanto a abstração matemática de Aristóteles como também a abstração do todo universal em relação aos indivíduos. Na primeira redação do texto, Tomás de Aquino cita explicitamente o *De hebdomadibus* de Boécio, que diz: *"multa sunt, quae cum separari actu non possunt, animo tamen separantur et cogitatione"*.

No *Sobre o Tratado da Trindade*, Tomás de Aquino coloca nitidamente à parte dessas duas formas de abstração a separação (*separatio*), que está na base da constituição do sujeito da metafísica ou teologia. Na *Suma de teologia* (Ia q. 85, a. 1, ad 1m), engloba sob a abstração tanto a distinção operada pela composição e divisão (2ª operação do intelecto) como as operadas pela inteligência dos indivisíveis (1ª operação do intelecto). No entanto, continua distinguindo os tipos de abstração ligados à 1ª operação daquele ligado à 2ª. Há mes-

---

41 Boécio, *Comentário a Isagoge*, 2.ed., Liv.I, nº 1. Abelardo exporá também uma teoria da abstração que supõe a reelaboração de Boécio. É, no entanto, duvidoso que Tomás tenha lido Abelardo e sua teoria da abstração supõe um conhecimento das obras de Aristóteles que não estavam à disposição de Abelardo. Cf. Abelardo, 1994, p.29-31.

mo uma série de textos claros sobre uma dupla abstração, quer dizer, as duas ligadas à 1ª operação do intelecto.[42]

O único texto onde poderia parecer que Tomás de Aquino abandona a distinção entre a abstração propriamente dita (a da 1ª operação) e a separação (a abstração por meio da 2ª operação) é o da *Suma de teologia* Ia q. 85, a. 1, ad 2m. De fato, o vocabulário dessa resposta parece, à primeira vista, falar da abstração como uma operação da inteligência. Não se deve esquecer, no entanto, de que Tomás não só não renega as considerações do ad 1m, como até as relembra no final deste ad 2m. Portanto, o processo da abstração continua sendo o já descrito e não se pode confundir a abstração da 2ª operação (separação) com a da 1ª (abstração propriamente dita). Além disso, este ad 2m, apesar do seu vocabulário "psicológico", visa muito mais pôr em relevo o fundamento nas coisas da operação abstrativa. É, portanto, um texto paralelo muito mais de *Sobre o Tratato da Trindade* q. 5, a. 1, do que do artigo terceiro.[43] Há, assim, uma perfeita coerência dos textos de Tomás de Aquino que falam da abstração e da divisão tripartida das ciências especulativas, contanto que não confunda-

---

42 *Suma de teologia* q. 40, 3; *Sententia De anima* III, 12; *In Aristotelis libros Physicorum* II, 3, n.5; *Sententia libri Metaphysicae* I, 10, n° 158, III, 7, n° 405, VIII, 1, n° 1683; *Expositio libri Posteriorum* I, 41, p.155 a, lin. 279-300; *De substantiis separatis*, cap.I, p.D 42, lin. 80-108. Os textos da *Suma*, do comentário à *Metafísica* I e III e do *De substantiis separatis* falam explicitamente de "dupla abstração". Ver, a respeito, Geiger, 1963, p.112, n.2.

43 O quadro seguinte mostra a correspondência entre o ad 1m e o ad 2m do artigo primeiro da questão 85 da primeira parte da *Suma de teologia*.

mos a perspectiva do fundamento nas coisas (*Sobre o Tratado da Trindade* q. 5, a. 1) com a perspectiva das operações da inteligência que lhe fazem face (*Sobre o Tratado da Trindade* q. 5, a. 3). O quadro apresentado em anexo resume a correspondência entre os artigos 1º e 3º, ressaltando seus pontos de vista próprios.

Fizemos, ao expor o artigo 1º da questão 5 deste *Sobre o Tratado da Trindade*, uma alusão à ausência, em Tomás de Aquino, da terminologia que se difundiu posteriormente e

dois modos de abstrair
- a modo de composição e divisão = inteligimos que algo não está em outro ou é separado dele
  - ad 1m
    - 3 – algo porém pode ser abstraído da matéria inteligível comum, como o ente, o uno, a potência e o ato e semelhantes, que também podem ser sem nenhuma matéria, como é patente nas substâncias imateriais
- a modo de consideração simples e absoluta = inteligimos um, nada considerando sobre outro
  - ad 2m
    - 2 – as espécies matemáticas podem ser abstraídas pelo intelecto da matéria sensível não só individual, mas também comum; não porém da matéria inteligível comum, mas apenas da individual
    - 1 – o intelecto abstrai a espécie da coisa natural da matéria sensível individual, mas não da matéria sensível comum

que fala de "três graus de abstração".[44] Já anotamos também uma passagem em que Tomás de Aquino fala de "grau entre os entes".[45] Poderíamos acrescentar ainda que na *Suma de teologia* Ia q. 85, a. 1 utiliza-se a expressão "grau da virtude cognoscitiva"(*est autem triplex gradus cognoscitivae virtutis*) para se referir aos sentidos, ao intelecto humano e ao intelecto angélico. Semelhantemente, na *Questão disputada Sobre a alma* q. única, a. 13 fala-se de "graus de imaterialidade" (*oportet autem esse diversum gradum hujusmodi esse immaterialis*). Outros exemplos que poderiam ser trazidos à baila se encontram na *Sententia De anima*, Liv.I, cap.I, p.4b, lin.62-64 (*Sed in ipsis scientiis speculativis invenitur* gradus *quantum ad bonitatem et honorabilitatem*) e na *Expositio* sobre a *Metafísica*, Liv.I, lect. I[a], n° 10 e 13 (*tres* gradus *cognitionis in animalibus*).

Está claro que Tomás de Aquino se serve de uma terminologia quantitativa (grau) para indicar diferenças qualitativas. A acreditar nos exemplos citados, trata-se de uma terminologia mais ontológica do que psicológica ou epistemológica. Além disso, como Geiger pôs em relevo com base no exame do autógrafo do *Sobre o Tratado da Trindade*,[46] Tomás de Aquino começa se servindo de expressões que pareciam fazer da abstração uma espécie de gênero com três espécies e afasta progressivamente esse tipo de expressões parecendo acentuar a diversidade do que ele de início chama "os modos de abstração". Eis as citações dessas redações sucessivas:

---

44 Cf. *supra*, p.18.
45 Cf. *supra*, nota 32.
46 Geiger, 1963, p.99-104; Ed. Leonina, p.146-8, aparato crítico; Ed. Decker, p.231-3.

2ª redação (início) — *Ad evidentiam hujus questionis oportet videre* diversos modos abstrationis, qua *intellectus abstraere dicitur et rationes eorum*...

3ª redação (início) — *Ad evidentiam hujus questionis distinguere oportet* modos quibus intellectus abstraere dicitur.

(adiante) — *Patet ergo quod* triplex abstractio *qua intellectus abstrait*...

4ª redação (início) — *Ad evidentiam hujus questionis oportet videre* qualiter intellectus secundum suam operationem abstraere possit.

(adiante) — *Sic ergo* intellectus distinguit unum ab altero aliter et aliter *secundum diversas operationes.*

(no fim) — *Sic ergo* in operatione intellectus triplex distinctio invenitur.

Mesmo que revertamos às expressões abandonadas por Tomás de Aquino, não é possível falar de *graus*, mas de *modos* de abstração. De maneira nenhuma aceita ele colocar como primeiro elemento de sua teoria das distinções efetuadas pelas operações do intelecto para constituir os sujeitos das ciências teóricas uma concepção quantitativa da abstração que a assimilaria a uma espécie de destilação fracionada que nos forneceria, graças a um maior esforço da inteligência, resultados cada vez mais refinados. Ele critica uma concepção bastante próxima desta, apresentada por Ibn Badja (Avempace), que conheceu por intermédio de Averróis.[47] Não admira que a matizada teoria de Tomás de Aquino tenha sido reduzida a isso em alguns manuais,[48] quando se observa

---

47 Cf. *Suma de teologia* Ia q. 88, a. 2.
48 Cf. Vicente, 1964, p.290, n.232.

a infiltração da terminologia quantitativa mesmo em intérpretes qualificados.[49]

O artigo quarto tem como preocupação principal situar uma em relação à outra a teologia filosófica (metafísica) e a teologia da Sagrada Escritura. Neste sentido, o artigo substitui explicitamente a pergunta sobre "se a ciência divina trata do que é sem matéria e movimento" por outra: "Resposta. Cabe dizer que, para o esclarecimento desta questão, é necessário saber qual ciência deve ser chamada de ciência divina".[50]

Podemos considerar que o corpo do artigo quarto comporta três grandes partes, e as duas primeiras apresentam duas distinções que vão permitir, na terceira, justamente situar as duas teologias mencionadas.

A primeira distinção considerada é a existente entre dois gêneros de princípios: aqueles que são naturezas completas e

---

49 Cajetano, Comentário à Ia q. 82, a. 3, nº XII, Ed. Leonina, v. V, p.300; Blanche, 1923, p.249, penúltimo parágrafo.
Cajetano, no seu comentário à *Suma de teologia* (Ia q. 40, a. 1) e ao *De ente et essentia*, introduz uma distinção entre abstração total e formal que não corresponde à abstração do todo e da forma de Tomás de Aquino. O texto do comentário à *Suma* é surpreendente porque Cajetano não dá o mínimo aviso de que está falando de algo distinto do que é dito no texto de Tomás. Há vasta literatura sobre a distinção cajetanista e sua correspondência ou não com o pensamento de Tomás de Aquino. Cf. bibliografia, item "Abstração e separação".

50 A substituição feita por Tomás de Aquino lembra a que, segundo Goldschmidt, é praticada no início dos diálogos platônicos, em que a "pergunta inicial" é substituída por uma "pergunta prévia". Cf. Goldschmidt, 1963, p.28. É de notar que Tomás de Aquino redigiu duas vezes o início desta "Resposta". Na segunda redação, a substituição da pergunta fica mais explícita. Cf. Ed. Leonina, p.153, aparato crítico; Ed. Decker, p.233-4. A respeito do tema deste artigo, ver: Sweeney, 1990.

princípios (os exemplos citados são os astros e os elementos); aqueles que não são naturezas completas, mas apenas princípios (os exemplos citados são a unidade, o ponto e a forma).

Em conexão com o primeiro gênero de princípios há duas ciências: uma dos principiados e uma dos princípios; em conexão com o segundo gênero há apenas uma ciência dos principiados.

A segunda distinção é a que há entre os princípios comuns por predicação e comuns por causalidade.

Se considerarmos todos os entes na medida em que se reúnem no ente, teremos estes dois tipos de princípios comuns a todos os entes. Por predicação ou analogia: por exemplo, todas as formas são forma. Mas há também certos princípios comuns de todos os entes por causalidade, de tal modo que certas coisas numericamente as mesmas se apresentem como princípios de todas as coisas. Para esclarecer isso, Tomás de Aquino se serve de um processo de redução. De fato, os princípios dos acidentes reduzem-se aos princípios da substância; os princípios das substâncias corruptíveis aos das substâncias incorruptíveis. Em outros termos, "todos os entes se reduzem, por meio de certa gradação e ordem, a certos princípios". Ora, o que é princípio de ser para tudo é ente ao máximo; donde tais princípios serem perfeitíssimos, estarem em ato ao máximo e não comportarem nada ou apenas o mínimo de potência. Daí resulta que sejam sem matéria (que é em potência) e sem movimento (que é ato do que se apresenta em potência). Tais princípios são, pois, as coisas divinas.

Basta, agora, aplicar às coisas divinas a primeira distinção para chegarmos a uma perfeita visualização de como se situam as duas teologias (a filosófica e a da Sagrada Escritura). De fato, as coisas divinas, sendo princípios de todos os entes e sendo certas naturezas completas, podem ser tratadas de duas maneiras. 1ª) Como princípios comuns de todos os entes e não na medida em que são em si mesmas certas coisas; é desta primeira maneira que são elas tratadas pelos filósofos, na medida em que são conhecidas através de seus efeitos; é a maneira como são tratadas na doutrina em que está contido tudo o que é comum a todos os entes e que tem por sujeito o ente na medida em que é ente. 2ª) Não na medida em que são manifestadas pelos efeitos, mas na medida em que elas próprias se manifestam a si mesmas. São tratadas não apenas na medida em que são princípios das coisas, mas na medida em que subsistem em si mesmas. Uma explicitação final é acrescentada por Tomás de Aquino. Temos, como vimos, uma dupla teologia ou ciência divina. Uma na qual as coisas divinas são consideradas não como sujeito de ciência, mas como princípios do sujeito (o ente como tal). Esta é a teologia dos filósofos, isto é, a metafísica. A outra considera as coisas divinas por si mesmas, como sujeito de ciência. É a teologia transmitida na Sagrada Escritura.

Podemos agora voltar à pergunta inicial e tentar respondê-la. Ambas as teologias tratam do que é separado da matéria e do movimento de acordo com o ser. Ora, é preciso ter em conta a dupla separação da matéria e do movimento (cf. *supra* a.1, p.16) de acordo com o ser. De um primeiro modo, cabe à determinação de tal coisa não ser na matéria e no movimento. É desse modo que Deus e as substâncias espirituais (as inteligências ou anjos) são separados da matéria e do movimento. De um outro modo, não cabe à determinação de tal coisa ser na matéria e no movimento, de tal modo que pode ser sem matéria e movimento, embora às vezes seja na matéria e no movimento. É desse modo que o ente, a substância, a potência e o ato são separados da matéria e do movimento.

A teologia filosófica determina acerca do que é separado do segundo modo, como acerca de seu sujeito, e do que é separado do primeiro modo, como acerca dos princípios de seu sujeito. A teologia da Sagrada Escritura trata do que é separado do primeiro modo, como acerca de seu sujeito. Trata do que é na matéria e no movimento como exigido para a manifestação do que é separado da matéria e do movimento.

Anotemos desde já que, neste final do corpo do artigo quarto e no ad 1m, o que se refere ao tratamento das coisas materiais e mutáveis na teologia da Sagrada Escritura é apresentado de maneira um tanto restrita. O ad 8m aborda melhor, embora ainda discretamente, a inclusão das criaturas no sujeito da teologia: "a teologia trata principalmente de Deus como seu sujeito; assume, no entanto, muito acerca das criaturas, como efeitos dele ou como tendo, de algum modo, referência a ele".[51]

Relembremos também, ainda que brevemente, dois outros aspectos importantes que afloram neste artigo quarto. Primeiro, a distinção entre essência e ser como critério distintivo entre os anjos e Deus. É o que aparece no ad 4m. Como é sabido, essa discreta alusão remete ao núcleo da metafísica de Tomás de Aquino e a sua polêmica contra o hilemorfismo universal.[52]

O outro aspecto é a referência ao famoso versículo de Rm 1, 20 (que retoma Sb 13, 1-9), que aparece no 1º argumento inicial do artigo e que no corpo deste é aproximado da conhe-

---

51 Para maiores detalhes, cf. *Suma de teologia* Ia q. 1, a. 7 e q. 2, prólogo.
52 Ver as exposições clássicas de Gilson, Forest, Fabro, Geiger etc.

cida passagem do livro II da *Metafísica* sobre o olho da coruja. Tomás de Aquino certamente vê aí uma preciosa conjunção da filosofia e da Escritura sobre o nosso modo de conhecer as realidades divinas, supremamente inteligíveis em si, mas obscuras ao máximo para o nosso intelecto.

Embora utilize continuamente a noção de princípio neste artigo, Tomás de Aquino não a define ou caracteriza suficientemente neste mesmo texto. A noção de princípio está conectada com a de causa e elemento. Eis como podemos caracterizá-los de acordo com Tomás de Aquino: 1) "Este nome 'princípio' nada mais significa do que aquilo a partir do que algo procede; com efeito, dizemos que tudo aquilo a partir do que algo procede, seja do modo como for, é princípio e vice-versa" (*Suma de teologia* Ia q. 33, a. 1); 2) "No entanto, o nome de 'causa' implica um certo influxo para o ser do causado" (*Sententia libri Metaphysical*, V, 1, nº 751); 3) "Elemento é o a partir do que a coisa é composta por primeiro e está nela ... assim como as letras são os elementos da palavra e não as sílabas" (*In Phys*. VI, 1, nº 10).[53]

Quando se aborda a questão sexta do *Sobre o Tratado da Trindade* após a leitura da questão quinta, uma primeira impressão é a de que estamos diante de um texto menos elaborado, o que se revela, inclusive, num certo vocabulário um tanto embaraçado.

A própria palavra "modus" que já aparece na formulação da questão pode se prestar a alguma dificuldade. Todas as traduções consultadas[54] a entenderam como "método". É claro que, se dermos de método uma definição suficientemente ge-

---

53 Ver também: *Sententia libri Metaphysicae* V, 4, nº 798; e Gilson, 1952.
54 Ver bibliografia, item "Fontes".

nérica e ampla – por exemplo: "o método é a forma e maneira de proceder em qualquer domínio, quer dizer, de ordenar a atividade e ordená-la a um fim"[55] –, nada obsta a que traduzamos "modus" por "método". Parece, no entanto, que a palavra "método" evoca regras de procedimento, técnicas de abordagem ou até mesmo meios para se obter algum fim, mais caracterizados e determinados.[56] Ora, Tomás de Aquino não estaria nesta questão sexta falando tanto disso, mas, ao contrário do estilo próprio de cada uma das ciências teóricas, de seu regime de conhecimento, de seu modo de proceder ou de se conduzir num sentido amplo. Cremos, pois, salvo melhor apreciação e apesar das traduções citadas, que seria melhor traduzir a palavra "modus" por "modo", entendendo-a no sentido de "modo de se conduzir".[57]

Dificuldade semelhante é encontrada a propósito dos termos com os quais Tomás de Aquino caracteriza o modo de se conduzir de cada uma das ciências teóricas. Diz ele que a física procede "rationabiliter"; a matemática, "disciplinabiliter"; e a teologia, "intellectualiter". Traduzimos tais termos por "raciocinativamente", "disciplinativamente" e "intelectivamente". Assim, seguimos a proposta de Celina A. Lertora Mendonza e J. E. Bolzán[58] quanto ao primeiro termo e também em parte quanto ao terceiro, acatando, no entanto, as ponderações formuladas por A. Maurer acerca do segundo.[59]

---

55 Bocheński, 1958, p.32.
56 Granger, 1955, p.55 s., e 1994, p.45 e 50.
57 Devemos esta sugestão a João Silva Lima, mestrando em filosofia na Unicamp.
58 Lertora Mendoza & Bolzán, 1972.
59 Cf. Tomás de Aquino, *The divisions and methods of the sciences* (trad. introd. e notas de A. Maurer, p.58, n.1).

A distribuição dos quatro artigos que compõem a questão sexta parece bastante clara. O primeiro aborda a questão do modo de proceder de maneira geral, ou melhor, nas três ciências teóricas, perguntando sobre a adequação do procedimento racionativo, disciplinativo e intelectivo respectivamente à física, à matemática e à teologia. Os três artigos restantes se ocupam especificamente do modo de proceder da teologia: e o artigo segundo pergunta se em teologia é preciso deixar de lado a imaginação, e os dois outros (3º e 4º) interrogam sobre a possibilidade de contemplarmos a essência divina; destes, o terceiro pergunta sobre a possibilidade (*an sit*) desta contemplação e o quarto, sobre sua modalidade (*quomodo sit*).

O artigo primeiro equivale, na prática, a três artigos, já que trata separadamente a questão do procedimento próprio da física, da matemática e da teologia. Pode-se dizer que as três questões que compõem este artigo apropriam (no sentido em que se fala em teologia trinitária de ações apropriadas a uma das pessoas da Trindade) o procedimento racionativo, disciplinativo e intelectivo, respectivamente, à física, à matemática e à teologia. Isto quer dizer que tais procedimentos não são exclusivos de tais ciências, mas que mantêm um parentesco ou uma adequação especial com elas.

Notemos que o próprio encaminhamento do artigo supõe a diversidade de modo de proceder das ciências teóricas, bem dentro do que poderíamos denominar, de um modo amplo, a tradição aristotélica. Tomás de Aquino situa-se, então, poderíamos dizer também, nos antípodas do que será a tendência predominante após Descartes, isto é, de se buscar um modo de proceder (ou mesmo um método) comum a todas as ciências. Para Tomás, isto é um erro. É o que diz explicitamente ao concluir a resposta do artigo segundo: "E por isso cometem um erro os que se esforçam por proceder uniformemente nestas três partes da especulativa".

Talvez seja possível ver na postura de Tomás de Aquino uma atitude oposta à dos "platônicos" e "agostinianos", sobretudo de Oxford, que julgavam que a ciência da natureza devia se servir do instrumental matemático. É a atitude típica de Roberto Grosseteste, Rogério Bacon, João Pecham e, no continente, de Witelo e Teodorico de Friburgo. Haveria neste ponto uma situação um tanto curiosa. Tomás de Aquino, que ao falar do modo de proceder das ciências teóricas recusa toda uniformidade, tem uma doutrina razoavelmente elaborada das ciências intermediárias, em que há justamente uma utilização da demonstração matemática em matéria natural e, portanto, uma certa uniformidade de procedimento. Por outro lado, aqueles que praticaram efetivamente esta utilização ou transferência da demonstração matemática, especialmente no domínio da ótica (a perspectiva), nem sempre primaram pela clareza sobre sua teorização, como é o caso de Rogério Bacon. Grosseteste, porém, é perfeitamente claro nesse ponto. Até mais do que Tomás de Aquino – a edição Leonina da *Expositio* deste sobre os *Segundos Analíticos* remete ao comentário de Grosseteste, quando Tomás distingue entre parte de uma ciência e ciência subalternada.[60]

Outro ponto importante em que Tomás de Aquino está bem plantado dentro da tradição aristotélica é aquele relativo ao modo característico de conhecer do ente humano na sua peregrinação terrestre. Temos a esse respeito um primeiro pronunciamento mais do que claro no artigo 2°, resposta ao quinto argumento. O ponto de partida de nosso conheci-

---

60 Cf. *Expositio libri Posteriorum* I, 25, p.90-1, aparato crítico.

mento intelectual no presente estado são as imagens (*phantasmata*), produto final da experiência sensorial. Essas imagens constituem o fundamento do conhecimento intelectual e é nelas que o intelecto considera tudo o que é objeto de sua consideração. Sem imagens o conhecimento intelectual fica impedido, mesmo no que respeita a Deus. Não podemos entender que Deus seja causa dos corpos ou que os ultrapassa ou que é incorpóreo se não entendermos e imaginarmos os corpos. Tal postura é reforçada no artigo terceiro onde se diz que, no estado de peregrinação, nosso intelecto se estende imediatamente às imagens, donde poder conceber de modo imediato a quididade da coisa sensível, mas não de algo inteligível. Nem sequer podemos conhecer a essência destes inteligíveis de maneira mediata, pois as naturezas sensíveis não exprimem suficientemente as essências separadas da matéria e até mesmo estas últimas não constituem com as primeiras um gênero a se falar das próprias coisas e não de categorias lógico-gramaticais. Assim sendo, se um mesmo predicado é atribuído às substâncias sensíveis e às imateriais, trata-se muito mais de uma predicação equívoca. Não admira que Tomás de Aquino evoque Dionísio Areopagita[61] nesse contexto.

---

61 A *Carta a Gaio* e a *Teologia mística* são citadas nos argumentos 1 e 3, respectivamente, da primeira série de argumentos iniciais. A *Hierarquia celeste* é citada no 3º argumento em sentido contrário e quatro vezes no corpo do artigo. Este último cita também uma vez *Os nomes divinos*. Note-se que os argumentos iniciais não recebem resposta direta e Tomás de Aquino declara apenas no final do corpo do artigo que a 1ª série de argumentos (que nega a possibilidade de conhecermos a essência divina) vale para o conhecimento perfeito do que esta é e a 2ª série para o conhecimento imperfeito, isto é, o conhecimento de que as formas separadas são, e, no lugar do conhecimento do que elas são, apenas o conhecimento por negação, causalidade e ultrapassamento.

Todo o peso da teologia negativa é assim inserido na gnosiologia de Tomás, de inspiração aristotélica. Devemos ainda assinalar que nem sequer a revelação divina altera esse regime de funcionamento de nosso intelecto:

> Acerca daquelas substâncias imateriais, enquanto no estado de peregrinação, não podemos saber de modo nenhum "o que é" não só por via de conhecimento natural, mas também por via da revelação, pois o raio da revelação divina chega até nós de acordo com o nosso modo como Dionísio diz [*Hierarquia celeste*, cap.I, § 2]. Donde, embora sejamos elevados pela revelação para conhecer algo que de outro modo seria desconhecido para nós, não o somos a que conheçamos de outro modo que não pelos sensíveis; donde Dionísio dizer no cap.I da *Hierarquia celeste* [§ 2] que "é impossível o raio divino reluzir para nós senão recoberto pela diversidade dos véus sagrados"; ora, a via que passa pelos sensíveis não basta para conduzir às substâncias imateriais de acordo com o conhecimento "do que é". Resta, assim, que as formas imateriais não nos são conhecidas por conhecimento "do que é", mas apenas por conhecimento "de se é", quer pela razão natural a partir dos efeitos das criaturas, quer também pela revelação que se dá por semelhanças tomadas dos sensíveis.[62]

Parece que nunca se poderia enfatizar demasiado essa sobriedade de Tomás de Aquino diante dos desvarios atribuídos aos medievais em matéria de alcance de nosso conhecimento intelectual, bem como diante dos delírios imaginativos de contemporâneos nossos a respeito das mesmas substâncias ima-

---

62 *Sobre o Tratado da Trindade* q. 6, a. 3, corpo do artigo.

teriais e mesmo das impropriedades de alguns comentadores gabaritados.[63]

Cabe ainda chamar atenção para o fato de que, se Tomás de Aquino se refere sempre ao conhecimento da natureza, essência ou quididade das substâncias materiais, sendo mesmo esta o objeto próprio de nosso intelecto, paralelamente sustenta que não temos conhecimento da determinação última das coisas. Devemos nos contentar, mesmo no domínio das coisas sensíveis, com definições descritivas em que as manifestações perceptíveis aos sentidos são tomadas no lugar das determinações inteligíveis. É conhecida uma passagem de *O ente e a essência* (cap.5, n° 67), opúsculo pouco anterior ao *Sobre o Tratado da Trindade*, em que o conhecimento das diferenças essenciais nos é negado, tanto no que se refere às substâncias imateriais como no que diz respeito às materiais:

> Visto que nestas substâncias [isto é, nas substâncias imateriais] a quididade não é o mesmo que o ser, por isso são classificáveis no predicamento [da substância]; e, por isso, encontra-se nelas gênero, espécie e diferença, embora suas diferenças próprias nos sejam ocultas. De fato, também nas coisas sensíveis, as próprias diferenças essenciais nos são desconhecidas; donde serem significadas por diferenças acidentais que se originam das essenciais, assim como a causa é significada pelo seu efeito, assim como bípede é posto como diferença do homem. Ora, os acidentes próprios das substâncias imateriais nos são desconhe-

---

63 Aludimos aqui 1) a uma crítica fácil da metafísica como do domínio do inverificável; 2) à abundante literatura contemporânea sobre os anjos; 3) à estranha ideia de uma metafísica dedutiva, cuja paternidade caberia a Tomás de Aquino.

cidos; donde, suas diferenças não poderem ser por nós significadas, nem por si, nem pelas diferenças acidentais.[64]

O artigo quarto e último da questão sexta retoma em termos igualmente claros, embora resumidos, a doutrina já exposta no artigo terceiro. Praticamente o que acrescenta é que o conhecimento que as ciências teóricas ou especulativas nos proporcionam acerca da essência divina de modo nenhum extrapola os limites estabelecidos no artigo terceiro.

Anotemos também que o artigo quarto contém uma importante referência à felicidade última do gênero humano nos argumentos terceiro e quinto. Tomás de Aquino relembra que "o ente humano é ordenado naturalmente ao conhecimento das substâncias imateriais como ao fim, assim como ensinado pelos santos e pelos filósofos". Quer dizer: que "a felicidade última do ente humano consiste em inteligir as substâncias separadas" é um ponto comum aos filósofos (pagãos e infiéis) e aos cristãos (santos). Tomás recorre à distinção entre a felicidade imperfeita, tal como é possível neste mundo (no estado de peregrinação), e a felicidade perfeita (só realizável na pátria celeste). Os filósofos, sobretudo Aristóteles, falam apenas da primeira, que consiste no conhecimento das substâncias separadas, tal como podemos tê-lo de maneira imperfeita, através das ciências especulativas (especialmente a teologia). A felicidade perfeita "na qual o próprio Deus será visto por essência" só é alcançável pela graça, "por causa da excelência deste fim" e só se dá efetivamente "pela luz da glória".

---

64 Para outras referências, ver: Tomás de Aquino, *Le De ente et essentia*, 1948, p.40, n.2; Braun, 1959.

Ao encerrar esta introdução às questões 5 e 6 do *Sobre o Tratado da Trindade*, estas considerações finais só podem ser fragmentárias, mais ainda do que o que precede.

Parece que dois escolhos óbvios deveriam ser evitados. De um lado, supor que a análise das ciências teóricas proposta por Tomás de Aquino se aplica sem mais às ciências tais como se desenvolveram no Ocidente após o século XVII. De outro, supor que esta análise não tem nada a ver com a história subsequente, representando apenas um vestígio arqueológico. Tentemos, pelo menos, assinalar algumas diferenças e aproximações que podem eventualmente servir de balizas no percurso deste longo caminho.

Em primeiro lugar, é preciso relembrar[65] que Tomás de Aquino (como seus contemporâneos e os antigos) não estabelece uma distinção nítida entre filosofia e ciência. Os termos são usados equivalentemente e expressões como "filosofia teórica ou especulativa" e "ciência teórica ou especulativa" cobrem o mesmo campo. A nítida distinção entre a ciência e a filosofia só se torna corrente após Kant. Com este assistimos a um desmembramento das três funções que Tomás atribuía à "ciência divina". De fato, esta é uma ciência cujo sujeito é o ente considerado como tal, sendo seu aprendizado situado após o da ciência da natureza (metafísica); compete-lhe também o estudo das causas do ente como tal, isto é, das substâncias separadas e especialmente de Deus (teologia); finalmente, ocupa-se ela dos princípios gerais do conhecimento humano (filosofia primeira). Kant transfere a primeira e segunda funções para o domínio da razão prática e apenas a terceira tem lugar na razão teórica. Este terceiro domínio constitui aquilo que seria uma ciência do ente enquanto conhecido.[66]

---

65 Cf. *supra*, p.15.
66 Cf. *supra*, p.21.

O domínio do que Tomás de Aquino chama de "filosofia natural" ou "ciência da natureza" ou ainda "física" não pode ser relacionado sem mais ao que passa a ser designado por estes nomes a partir do século XVII. Na realidade, a "filosofia natural" ou "física" de Galileu ou mesmo de Newton tem muito mais a ver com as "ciências intermediárias" de Tomás de Aquino. Como assinalamos,[67] estas ciências têm uma longa e movimentada história. Tomás de Aquino não podia suspeitar que estas modestas disciplinas, que lhe forneceram o paradigma para qualificar a "sagrada doutrina" de ciência, iriam açambarcar o domínio da física a partir do século XVII.

A "física", "filosofia natural" ou "ciência da natureza" de Tomás de Aquino, na esteira de Aristóteles, não se aparenta às ciências intermediárias, que são predominantemente matemáticas. Inclui ela, de fato, como que dois níveis de consideração. De um lado, um conhecimento de ordem descritiva (no estilo daquilo que se chamava ainda recentemente de "história natural") e, de outro, uma conceitualização de tipo ontológico, como, por exemplo, a caracterização do movimento em termos de ato e potência.

Esquematizando, poderíamos talvez dizer que Tomás de Aquino tinha uma filosofia da natureza, no sentido de uma ontologia da natureza, e que Galileu ou Newton tinham uma ciência da natureza, no sentido de uma ciência matematizada da natureza. É claro que as coisas são mais complicadas do que isso, pois Tomás reconhece, nem que seja em princípio, o lugar, o papel e a legitimidade da ciência matematizada da natureza (ciências intermediárias); por outro lado, por detrás da física de tipo galileano esboça-se uma ontologia que, ainda

---

67 Cf. *supra*, p.36.

que se sirva de elementos aristotélicos (por exemplo, a distinção entre substância e acidente ou a distinção entre sensíveis comuns e próprios, transposta na distinção entre propriedades primárias e secundárias), pende para uma construção platônico-democriteana.[68]

Enfim, a matemática de Tomás de Aquino reduz-se à aritmética e geometria, tais como ele as podia conhecer por intermédio de Boécio, Euclides e uns poucos outros. É claro que o domínio da matemática se alargou muitíssimo mais, a ponto de ser possível afirmar "a possibilidade de definir a palavra número como a que convém a seres se correspondendo mutuamente de acordo com regras de mesmas propriedades formais que as operações sobre as multidões".[69] É preciso, no entanto, observar que o instrumental matemático (sobretudo geométrico) de Galileu não ia muito além do disponível no século XIII. E, por outro lado, que não há evidência nenhuma de que esteja descartada a possibilidade de se entender o alargamento da matemática dentro de um quadro inspirado de Tomás de Aquino.[70]

---

68 Por exemplo, os átomos do § 48 de *O ensaiador*.
69 "*La possibilité de définir le mot nombre comme celui qui convient à des êtres se correspondant mutuellement selon des règles de mêmes propriétés formelles que les opérations sur les multitudes*". Le Masson, 1932, p.3.
70 Ver a obra citada na nota precedente.

Bibliografia

Como a presente bibliografia é relativamente extensa, ela aparece aqui dividida em itens, o que poderá facilitar sua consulta.

Fontes

ABELARDO, P. *Lógica para principiantes*. Petrópolis: Vozes, 1994.

AGOSTINHO (Santo). *A cidade de Deus*. 2.ed. Petrópolis: Vozes, 1990. 2v.

ARISTÓTELES. *De l'âme*. Traduction nouvelle et notes par J. Tricot. Paris: J. Vrin, 1965.

_____. *L'éthique à Nicomaque*. Introduction, traduction et commentaire par R. A. Gauthier et J. Y. Jolif. Louvain: Publ. Univ. de Louvain; Paris: J. Vrin, 1959. 3v.

_____. *Metafísica*. 2.ed. Ed. trilíngue por V. García Yebra. Madrid: Gredos, 1982.

_____. *Physique*. Texte établi et traduit par H. Carteron. Paris: Soc. d'Ed. 'Les Belles Lettres', 1931. 2v.

BOÉCIO, A. M. T. S. Como a Trindade é um Deus e não três deuses. In: RÁBANO MAURO. *O significado místico dos números e outros textos medievais*. Tradução, estudos introdutórios e notas de L. J. Lauand. São Paulo: GRD; Curitiba: Ed. Univ. Champagnat, 1992. p.85-106.

_____. *Courts traités de théologie*. Paris: Ed. du Cerf, 1991.

_____. The second edition of the commentaries on the Isagoge of Porphyry, Book I. In: MC KEON, R. *Selections from medieval philosophers*. New York: Charles Scribner's Sons, 1957. v.1 (Augustine to Albert the Great), p.70-99.

DOMINICUS GUNDISSALVI. "De divisione philosophiae", Herausgegeben und philosophiegeschichtlich untersucht, nebst einer Geschichte der philosophischen Einleitung bis zum Ende der Scholastik, von Dr. Ludwig Baur. In: *Beiträge zur Geschichte* der Philosophie des Mittelalters. Münster: 1903. band IV, heft 2-3.

GALILEI, G. O ensaiador. In: *Os pensadores*. São Paulo: Abril S. A. Cultural e Industrial, 1973. v.12, p.98-238.

_____. *Duas novas ciências*. 2.ed. São Paulo: Nova Stella, 1988.

_____. Le nuove scienze. In: *Le opere di Galileo Galilei*. Firenze: Edizione Nazionale, G. Barbera, 1933, v.8, p.49-313.

ISAAC ISRAELI. Liber de deffinitionibus. *Archives d'Histoire Doctrinale et Littéraire du Moyen Âge* (Paris), v.12-13, p.299-340, 1937-1938, Ed. Muckle, I. T.

JOÃO DE SANTO TOMÁS. *Ars logica*. Nova editio a P. Beato Reiser. Torino: Marietti, 1930.

LAFLEUR, C. Quatre introductions à la philosophie au XIIIe siècle. Paris: J. Vrin; Montréal: Inst. d'Et. Méd., 1988.

LAFLEUR, C., CARRIER, J. *Le "Guide de l'étudiant" d'un maître anonyme de la faculté des arts de Paris au XIIIe siècle*. Québec: Univ. Laval, 1992.

PSEUDODIONÍSIO. *Œuvres complètes*. Trad., préf. et notes par M. De Gandillac. Paris: Aubier-Montaigne, 1943.

ROBERTO GROSSETESTE. *Commentarius in Posteriorum Analyticorum libros*. Introduzione e testo critico di P. Rossi. Firenze: Leo S. Olski Ed., 1981.

TOMÁS DE AQUINO. "Expositio libri Peryermenias". In: *Sancti Thomae de Aquino opera omnia*. Roma: Commissio Leonina; Paris: Ed. du Cerf, 1989, tomo I, 1.

_____. "Expositio libri Posteriorum". In: Ibidem, 1989, tomo I, 2.

_____. "Quaestiones disputatae de veritate". In: Ibidem, 1972-1976, tomo 22, 3v.

_____. "De substantiis separatis". In: Ibidem, 1968, tomo 40 D, p.1-87.

_____. "De ente el essentia". In: Ibidem, 1976, tomo 43, p.315-81.

_____. "Sententia libri De anima". In: Ibidem, 1985, tomo 45, 1.

_____. "Sententia libri De sensu (De memoria)". In: Ibidem, 1985, tomo 45, 2.

_____. "Sententia libri Ethicorum". In: Ibidem, 1969, tomo 47, 1 e 2.

_____. "Super Boetium De Trinitate". In: Ibidem, 1992, tomo 50, p.1-230.

_____. "Expositio libri Boetii De ebdomadibus". In: Ibidem, 1992, tomo 50, p.231-93.

_____. *Le De ente et essentia de S. Thomas d'Aquin*. Texte établi d'après les manuscrits parisiens, introduction, notes et études historiques par M.-D. Roland-Gosselin. Paris: J. Vrin, 1948.

_____. In librum Boetii de Trinitate expositio. In: *Opuscula theologica*. Torino: Marietti, 1954. v.2, p.291-389.

_____. *Expositio super librum Boethii De Trinitate*, Ad fidem codicis autographi nec non ceterorum codicum manu scriptorum recensuit Bruno Decker. 2.ed. Leiden: E. J. Brill, 1959.

_____. *Scriptum super libros Sententiarum magistri Petri Lombardi*. Paris: Lethielleux, 1956.

TOMÁS DE AQUINO. *In octo libros De Physico Auditu sive Physicorum Aristotelis commentaria.* Napoli: M. D'Auria Pontificius Ed., 1953. (Ed. novissima cura et studio P. Fr. Angeli-M. Pirotta O. P.).

_____. Quaestio disputata de anima. In: *Quaestiones disputatae.* Torino: Marietti, 1953. v.2, p.279-362.

_____. *In duodecim libros Metaphysicorum Aristotelis expositio.* Torino: Marietti, 1950.

_____. *Summa theologiae.* Roma: Paulinas, 1962.

_____. Questions sur le livre de la Trinité. In: *Opuscules de Saint Thomas.* Paris: Vivès, 1858. v.7, p.326-511. (Reedição 1984, J. Vrin).

_____. *Exposición del "De Trinitate" de Boécio.* Introducción, traducción y notas A. Garcia Marques, J. Antonio Fernandez. Pamplona: EUNSA, 1986.

_____. *The division and methods of the sciences.* Questions V and VI of his Commentary on the De Trinitate of Boethius translated with introduction and notes, by A. Maurer. 4.ed. Toronto: Pont. Inst. of Mediaeval Studies, 1986.

_____. *Faith, Reason and Theology.* Questions I-IV of his Commentary on the De Trinitate of Boethius translated with introduction and notes by A. Maurer. Toronto: Pont. Inst. of Mediaeval Studies, 1987.

_____. *Uber die Trinität.* Eine Auslegung der gleichnamigen Schrift des Boethius. Übersetzung und Erläuterungen von H. Lenz, mit einer Einführung von W. U. Klünker. Stuttgart: Verlag Freies Geistesleben, 1988.

_____. *Teoria de la ciencia.* Estudio preliminar, traducción y notas C. A. Lertora Mendoza. Buenos Aires: Ediciones Del Rey, 1991.

_____. *O ente e a essência.* Introd., trad. e notas de D. Odilão Moura OSB. Rio de Janeiro: Presença, 1981.

_____. *O ente e a essência.* Tradução de Carlos Arthur do Nascimento; apresentação de Francisco Benjamin de Souza Netto. Petrópolis: Vozes, 1995.

TOMÁS DE VIO (CAJETANO). Commentaria in De ente et essentia Sancti Thomae Aquinatis. In: *Sancti Thomae Aquinatis Quaestiones disputatae*. Paris: Lib. Cons. Sancti Pauli, s. d. v.4, p.371-569.

_____. In De ente et essentia D. Thomae Aquinatis Commentaria, Cura et studio P. M.-H. Laurent. Torino: Marietti, 1934.

_____. Commentaria in Primam Partem Summae Theologiae Sancti Thomae Aquinatis. Quaestiones I-XLIX. In: *Sancti Thomae Aquinatis opera omnia*. Roma: Typographia Polyglotta S. C. de Propaganda Fide, 1888.

Sobre o *In De trinitate*

BURREL, D. Classification, mathematics and metaphysics. A commentary on St. Thomas Aquinas Exposition Boethius's on the Trinity. *The Modern Schoolman (Saint Louis)*, v.44, p.13-34, 1966.

ELDERS, L. *Faith and science*. Roma: Herder, 1974.

GRABMANN, M. *Die theologische Erkenntnis – und Einleitungslehre des heil Thomas von Aquin auf Grund seines Schrift "In Boethium de Trinitate"*. Freiburg: Paulus Verlag, 1948.

HALL, D. C. *The Trinity, An Analysis of St. Thomas Aquinas' Expositio of the De Trinitate of Boethius*. Leiden: E. J. Brill, 1992.

MC INERNY, R. *Boethius and Aquinas*. Washington, D. C.: The Catholic University of America Press, 1990.

NEUMANN, S. Gegenstand und Methode der theoretischen Wissenschaften nach Thomas von Aquin aufgrund der Expositio super Librum Boethii De Trinitate. In: *Beiträge zur Geschichte der Philosophie und Theologie des Mittelalters*. Münster: Aschendorffschen Verlagbuchhandlung, 1965. band 41, heft 2.

SARANYANA, J. I. Sobre el In Boethii De Trinitate de Tomás de Aquino. *Miscellanea Medievalia (Berlin)*, v.19, p.71-81, 1988.

Abstração e separação

BASTIT, M. Aristote et la séparation. *Revue Philosophique de Louvain (Louvain)*, v.90, p.297-315, 1992.

BLANCHE, F. A. La théorie de l'abstraction chez Saint Thomas d'Aquin. In: *Mélanges Thomistes*. Kain: Le Saulchoir, 1923. p.237-51.

CROMP, G. *Les sources de l'abstraction de l'intellect agent dans la Somme de théologie de Thomas d'Aquin*. Première partie d'une thèse de doctorat en philosophie présentée à l'Université de Montréal, Inst. d'Et. Médiévales. Toronto: Pont. Inst. of Mediaeval Studies, s. d.

_____. *Le phantasme dans l'abstraction de l'intellect agent dans la Somme de théologie de Thomas d'Aquin*. Deuxième partie d'une thèse de doctorat en philosophie présentée à l'Université de Montréal, Inst. d'Et. Médiévales. Toronto: Pont. Inst. of Mediaeval Studies, s. d.

_____. *L'espèce intelligible dans l'abstraction de l'intellect agent dans la Somme de théologie de Thomas d'Aquin*. Troisième partie d'une thèse de doctorat en philosophie présentée à l'Université de Montréal, Inst. d'Et. Médiévales. Toronto: Pont. Inst. of Mediaeval Studies, s. d.

_____. *L'intellect agent et son rôle d'abstraction*. Quatrième partie d'une thèse de doctorat en philosophie présentée à l'Université de Montréal, Inst. d'Et. Médiévales. Toronto: Pont. Inst. of Mediaeval Studies, s. d.

CUNNINGHAM, F. A theory on abstraction in St. Thomas. *The Modern Schoolman (Saint Louis)*, v.35, p.249-70, 1958.

DÉCARIE, V. La physique porte-t-elle sur des "non-séparés". *Revue des Sciences Philosophiques et Théologiques (Paris)*, v.38, p.466-8, 1954.

FERRARI, L. "Abstractio totius" and "abstractio totalis". *The Thomist (Washington)*, v.24, p.72-89, 1961.

_____. A thomistic appraisal of Thomas de Vio Cajetanis abstractio totalis. *Angelicum (Roma)*, v.42, p.441-62, 1965.

GEIGER. L.-B. Abstraction et séparation d'après S. Thomas. In: *Philosophie et spiritualité*. Paris: Ed. du Cerf, 1963. v.1, p.87-124. (Anteriormente em: *Revue des Sciences Philosophiques et Théologiques (Paris)*, v.31, p.3-40, 1947).

GUIL BLANES, F. Abstracción del todo, dela forma y por juício negativo. *Estudios Filosóficos (Santander)*, v.3, p.390-401, 1954.

_____. La distincción cayetanista entre abstractio formalis y abstractio totalis. *Sapientia (Buenos Aires)*, v.10, p.44-53, 1955.

HALADUS, J. J. *The negative judgement of separation according to Saint Thomas Aquinas*. Montréal, 1972. Ph. D. Dissertation – Université de Montréal.

KAMBARTEL, W. Abstraktion. In: *Historisches Worterbuch der Philosophie*. Herausgegeben von Joachim Ritter. Basel, Stuttgart: Schwabe und Co. Verlag, 1971. band 1, A-C, col. 42-65.

LISSKA, A. J. Deely and Geach on abstractionism in thomistic epistemology. *The Thomist (Washington)*, v.37, p.548-68, 1973.

PHILIPPE, M.-D. Aphaíresis, prósthesis, chorizein dans la philosophie d'Aristote. *Revue Thomiste (Paris)*, v.48, p.461-79, 1948.

REGIS, L. M. La philosophie de la nature, quelques apories. In: *Etudes et Recherches*. Ottawa: Collège Dominicain, 1936. Philosophie I, p.127-56.

RENARD, H. What is St. Thomas approach to metaphysics. *New Scholasticism (Washington)*, v.30, p.64-83, 1956.

ROBERT, J. D. La métaphysique, science distincte de toute autre discipline philosophique, selon saint Thomas d'Aquin. *Divus Thomas (Placentia)*, v.50, p.206-22, 1947.

SCHIMIDT, R. W. L'emploi de la séparation en métaphysique. *Revue Philosophique de Louvain (Louvain)*, v.58, p.373-93, 1960.

SIMMONS, E. D. In defense of total and formal abstraction. *New Scholasticism (Washington)*, v.29, p.427-40, 1955.

_____. The thomistic doctrine of the three degrees of formal abstraction. *The Thomist (Washington)*, v.22, p.37-67, 1959.

STRYCKER, E. La notion aristotélicienne de séparation dans son application aux idées de Platon. In: *Autour d'Aristote*. Recueil d'études de philosophie ancienne et médiévale offert à M. A. Mansion. Louvain: Publ. Université de Louvain, 1955. p.119-39.

VICENTE, L. De modis abstractionis juxta Sanctum Thomam. *Divus Thomas (Placentia)*, v.66, p.35-65, 189-218, 1963; v.67, p.278-99, 1964.

Matemática e Ciências Intermediárias

ALVAREZ LASO, J. *La filosofia de las matemáticas en Santo Tomás*. México: Ed. Jus, 1952.

AMOROSO COSTA, M. *As ideias fundamentais da matemática e outros ensaios*. 3.ed. São Paulo: Ed. Convívio, Edusp, 1981.

ANDERSON, T. C. Intelligible matter and the objects of mathematics in Aristotle. *The New Scholasticism (Washington)*, v.43, p.1-28, 1969.

_____. Intelligible matter and the objects of mathematics in Aquinas. *The New Scholasticism (Washington)*, v.43, p.555-76, 1969.

BROWN, S. F. Henry of Ghent's critique of Aquinas' subalternation theory and the early thomistic response. In: *Knowledge and the sciences in medieval philosophy*. Proceedings of the Eighth International Congress of Medieval Philosophy. Helsinki: Publ. of Luther-Agricola Society, 1990. v.3, p.89-96.

CHENU, M.-D. *La théologie comme science au XIIIe siècle*. 3.ed. Paris: J. Vrin, 1969.

CHIARELLO, M. G. Ciências físico-matemáticas em Tomás de Aquino: as ciências intermediárias no Comentário sobre o Tratado da Trindade de Boécio. *Cadernos de História e Filosofia da Ciência (Campinas)*, série 3, v.7, p.73-97, 1997.

GAGNÉ, J. Du quadrivium aux scientiae mediae. In: *Arts libéraux et philosophie au moyen âge*, Actes du IVe Congrès International de

Philosophie Médiévale, Université de Montréal, 27.8-2.9, 1967. Montréal: Inst. d'Et. Médiévales; Paris: J. Vrin, 1969. p.975-86.

GREENWOOD, T. La connaissance mathématique d'après saint Thomas. *Revue de l'Université d'Ottawa*, v.12, p.121*-152*, 1942.

_____. La notion thomiste de la quantité. *Revue de L'Université d'Ottawa*, v.22, p.228*- 248*, 1952.

_____. La nature des mathématiques selon Aristote. *Revue de L'Université d'Ottawa*, v.23, p.216-28, 1953.

LE MASSON, R. *Philosophie des nombres*. Paris: Desclée de Brouwer, 1932.

LINDBERG, D. C. On the applicability of mathematics to nature, Roger Bacon and his predecessors. *The British Journal for the History of Science (Oxford)*, v.15, p.3-25, 1982.

LIVESEY, S. J. *Metabasis: The interrelationship of the sciences in antiquity and the middle ages*. Los Angeles. 1982. Ph. D. Dissertation – University of California.

_____. William of Ockham, The subalternate sciences and Aristotle's prohibition of metabasis. *British Journal for the History of Sciences (Oxford)*, v.18, p.127-45, 1985.

_____. The Oxford calculators, quantification of qualities and Aristotle's prohibition of metabasis. *Vivarium (Leiden)*, v.24, p.50-69, 1986.

_____. *Theology and science in the fourteenth century*. Leiden: E. J. Brill, 1989.

_____. Science and theology in the fourteenth century: The subalternate sciences in Oxford commentaries on the Sentences. *Synthese (Dordrecht)*, v.83, p.273-92, 1990.

_____. John of Reading on the subalternation of the sciences. In: *Knowledge and the sciences in medieval philosophy*. Proceedings of the Eighth International Congress of Medieval Philosophy. Helsinki: Publ. of Luther-Agricola Society, 1990. v.2, p.89-96.

MC KIRAHAN JUNIOR, R. D. Aristotle's subordinate sciences. *British Journal for the History of Sciences* (*Oxford*), v.11, p.197-220, 1978.

NASCIMENTO, C. A. R. do. Le statut épistémologique des sciences intermédiaires selon saint Thomas d'Aquin. In: *Cahiers d'Etudes Médiévales*. Montréal: Bellarmin; Paris: J. Vrin, 1974. v.2 (La science de la nature: théories et pratiques), p.33-95.

_____. O estatuto epistemológico das ciências intermediárias segundo santo Tomás de Aquino. In: *De Tomás de Aquino a Galileu*. Campinas: Unicamp/IFCH, 1995. p.13-97.

SCHILEBEECKX, E. *Approches théologiques*. V.I: Révélation et théologie. Bruxelles: Cep; Paris: Office du Livre, 1965. (ed. bras.: *Revelação e teologia*. São Paulo: Paulinas, 1968).

WEISHEIPL, J. A. The relationship of medieval natural philosophy to modern science: the contribution of Thomas Aquinas to its understanding. *Manuscripta* (*Saint Louis*), v.20, p.181-217, 1976.

WINANCE, E. Note sur l'abstraction mathématique selon saint Thomas. *Revue Philosophique de Louvain* (*Louvain*), v.53, p.483-510, 1955.

Filologia

BIRD, O. How to read an article of the Summa. *New Scholasticism* (*Washington*), v.27, p.129-59, 1953.

BLANCHE, F. A. Le vocabulaire de l'argumentation et la structure de l'article dans les ouvrages de saint Thomas. *Revue des Sciences Philosophiques et Théologiques* (*Paris*), v.14, p.167-87, 1925.

BUSA, R. L'originalité linguistique de saint Thomas d'Aquin. *Archivum Latinitatis Medii Aevi* (*Bulletin du Cange*), v.44-45, p.65-90, 1983-1985.

CHENU, M.-D. Notes de léxicographie philosophique médiévale: Disciplina. *Revue des Sciences Philosophiques et Théologiques (Paris)*, v.25, p.686-92, 1936.

_____. Arts mécaniques et œuvres serviles. *Revue des Sciences Philosophiques et Théologiques (Paris)*, v.29, p.313-5, 1940.

DEMERS, G. E. Les divers sens du mot "ratio" au Moyen Âge. In: *Etudes d'Histoire Littéraire et Doctrinale du XIIIe Siècle*. Paris: J. Vrin; Ottawa: Inst. d'Et. Médiévales, 1932. Publ. de l'Inst. d'Et. Méd. d'Ottawa, I, p.105-39.

DEWAN, L. "Objectum". Notes on the invention of a word. *Archives d'Histoire Doctrinale et Littéraire du Moyen Âge (Paris)*, v.48, p.37-96, 1981.

HUBERT, M. Quelques aspects du latin philosophique au XIIe et XIIIe siècles. *Revue des Études Latines (Paris)*, v.27, p.211-33, 1949.

_____. Notes de léxicographie thomiste. V. Présentation, ponctuation et mots-outils. *Archivum Latinitatis Medii Aevi (Bulletin du Cange)*, v.36, p.59-108, 1967-1968.

_____. Eléments provisoires de linguistique thomiste. Mots outils et ponctuation dans les écrits de saint Thomas. *Archivum Latinitatis Medii Aevi (Bulletin du Cange)*, v.43, p.57-63, 1981-1982.

ISIDORE DE VARENNE. Convenationes. *Archivum Latinitatis Medii Aevi (Bulletin du Cange)*, v.34, p.99-124, 1964.

LERTORA MENDOZA, C. A., BOLZÁN, J. E. Santo Tomás y los métodos de las ciencias especulativas (In Boethium de Trinitate, Q. VI, a. 1). *Sapientia (Buenos Aires)*, v.27, p.37-50, 1972.

MARROU, H. I. Doctrina et disciplina dans la langue des pères de l'église. *Archivum Latinitatis Medii Aevi (Bulletin du Cange)*, v.9, p.5-25, 1934.

MICHAUD-QUANTIN, P. Les champs sémantiques de species. Tradition latine et traduction du grec. In: *Etudes sur le vocabulaire philosophique du Moyen Âge*. Roma: Ed. dell'Ateneo, 1970. p.113-50.

WEIJERS, O. L'appelation des disciplines dans les classifications des sciences aux XIIe et XIIIe siècles. *Archivum Lantinitatis Medii Aevi (Bulletin du Cange)*, v.46-47, p.39-64, 1986-1987.

Geral

AUBENQUE, P. *Le problème de l'être chez Aristote*. 2.ed. Paris: Puf, 1962.

BATAILLON, L.-J. Les conditions de travail des maîtres de l'université de Paris au XIIIe siècle. *Revue des Sciences Philosophiques et Théologiques (Paris)*, v.67, p.417-33, 1983.

BOBIK, J. La doctrine de Saint Thomas sur l'individuation des substances corporelles. *Revue Philosophique de Louvain (Louvain)*, v.51, p.5-41, 1953.

_____. Matter and individuation. In: MC MULLIN, E. (Ed.) *The concept of matter in greek and medieval philosophy*. Notre Dame, Indiana: University of Notre Dame Press, 1965. p.281-98.

BOCHENSKI, I. M. *Los métodos actuales del pensamiento*. 2.ed. Madrid: Rialp, 1958.

BRAUN, E. Peut-on parler d' "existentialisme" thomiste? *Archives de Philosophie (Paris)*, v.22, p.211-26, 529-65, 1959; v.23, p.253-89, 1960.

CORBIN, M. *Le chemin de la théologie chez Thomas d'Aquin*. Paris: Beauchesne, 1974.

CUNNINGHAM, F. A. Judgement in St. Thomas. *Modern Schoolman (Saint Louis)*, v.31, p.185-202, 1954.

_____. The second operation and assent vs. judgement in St. Tomas Aquinas. *New Scholasticism (Washington)*, v.31, p.1-33, 1957.

GARCEAU, B. *Judicium: vocabulaire, sources et doctrine de saint Thomas d'Aquin*. Montréal: Inst. d'Ét. Médiévales; Paris: J. Vrin, 1968.

GILSON, E. Les principes et les causes. *Revue Thomiste (Paris)*, v.52, p.39-63, 1952.

GOLDSCHMIDT, V. *Les dialogues de Platon*. 2.ed. Paris: Puf, 1963.

GRANGER, G. G. *Lógica e filosofia das ciências*. São Paulo: Melhoramentos, 1955.

_____. *A ciência e as ciências*. São Paulo: Editora UNESP, 1994.

GUILLET, J. La lumière intellectuelle d'après saint Thomas. *Archives d'Histoire Doctrinale et Littéraire du Moyen Âge (Paris)*, v.2, p.79-88, 1927.

KLUBERTANZ, G. P. St. Thomas and the knowledge of singular. *New Scholasticism (Washington)*, v.26, p.135-66, 1952.

LABOURDETTE, M. M. Note sur les diversifications du savoir. *Revue Thomiste (Paris)*, v.44, p.564-8, 1938.

LEBRUN, G. O poder da ciência. *Ensaios de Opinião (Rio de Janeiro)*, v.5, p.44-50, 1977.

LEROY, M. V. Le savoir spéculatif. In: *Jacques Maritain, son oeuvre philosophique*. Paris: Desclée de Brouwer, 1948. p.236-339. (Especialmente o anexo: "Abstractio et separatio d'après un texte controversé de saint Thomas", p.328-39).

MANSION, A. *Introduction à la physique aristotélicienne*. Louvain: Ed. de l'Inst. Sup. de Philosophie; Paris: J. Vrin, 1946.

MANSION, S. *Le jugement d'existence chez Aristote*. Louvain: Ed. de l'Inst. Sup. de Philosophie; Paris: Desclée de Brouwer, 1946.

MARIÉTAN, J. *Problème de la classification des sciences d'Aristote à S. Thomas*. Paris: Félix Alcan, 1901.

MARITAIN, J. *Distinguer pour unir ou les degrés du savoir*. Paris: Desclée de Brouwer, 1932.

_____. *Sept leçons sur l'être et les premiers principes de la raison spéculative*. Paris: Téqui, 1934.

_____. *La philosophie de la nature*. Éssai critique sur ses frontières et son objet. Paris: Téqui, 1935.

_____. *Quatres essais sur l'esprit dans sa condition charnelle*. Paris: Desclée de Brouwer, 1939.

MARITAIN, J. *Court traité de l'existence et de l'existant*. Paris: P. Hartmann, 1947.

MAURER, A. Ockham's conception of the unity of science. *Mediaeval Studies (Toronto)*, v.20, p.98-112, 1958.

_____. The unity of a science: St. Thomas and the nominalists. In: *St. Thomas Aquinas, 1274-1974*. Toronto: Pont. Inst. of Mediaeval Studies, 1974. v.2, p.269-91.

MERLAN, P. *From Platonism to neoplatonism*. The Hague: M. Nijhoff, 1953.

_____. Abstraction and methaphysics in St. Thomas Summa. *Journal of the History of Ideas (New York)*, v.14, p.284-91, 1953.

MONTAGNES, B. *Cours de métaphysique*. s. d. (Mimeogr.)

MUCKLE, I. T. Isaac Israeli's definition of truth. *Archives d'Histoire Doctrinale et Littéraire du Moyen Âge (Paris)*, v.8, p.5-8, 1933.

PARÉ, G., BRUNET, A., TREMBLAY, P. *La renaissance du XIIe siècle, les écoles et l'enseignement*. Paris: J. Vrin, 1933.

PINCKAERS, S. Recherche de la signification véritable du terme spéculatif. *Nouvelle Revue Théologique (Tournai)*, v.81, p.673-95, 1959.

_____. La vertu est tout autre chose qu'une habitude. *Nouvelle Revue Théologique (Tournai)*, v.82, p.387-403, 1960.

ROBERT, J. D. Essai de spécification des savoirs de type positif et expérimental. *Archives de Philosophie (Paris)*, v.27, p.5-48, 206-37, 1964; v.28, p.424-38, 1965; v.29, p.109-33, 397-429, 1966.

SCHMIDT, R. W. *The domain of logic according to Saint Thomas Aquinas*. The Hague: M. Nijhoff, 1966.

SWEENEY, E. Metaphysics and its distinction from sacred doctrine in Aquinas. In: *Knowledge and the sciences in medieval philosophy*. Proceedings of the Eighth International Congress of Medieval Philosophy. Helsinki: Publ. of Luther-Agricola Society, 1990. v.2, p.162-70.

VAN STEENBERGHEN, F. L'organisation des études au Moyen Âge et ses répercutions sur le mouvement philosophique. *Revue Philosophique de Louvain* (Louvain), v.52, p.572-92, 1954.

VANDE WIELE, J. Le problème de la vérité ontologique dans la philosophie de Saint Thomas. *Revue Philosophique de Louvain* (Louvain), v.52, p.521-71, 1954.

WEISHEIPL, J. A. Classifications of the sciences in medieval thought. *Mediaeval Studies* (Toronto), v.27, p.54-90, 1965.

WIPPEL, J. F. *Metaphysical themes in Thomas Aquinas.* Washington: Catholic Univ. of America Press, 1984.

Suplemento à bibliografia

AERTSEN, J. A. Method and metaphysics. The "via resolutionis" in Thomas Aquinas. In: *Knowledge and the sciences in medieval philosophy.* Proceedings of the VIII International Congress of Medieval Philosophy. Helsinki: Publ. of Luther-Agricola Society, 1990. v.3, p.3-12.

CHADWICK, H. *Boethius: The consolations of music, logic, theology and philosophy.* Oxford: Clarendon Press, 1981.

COURTINE, J. F. Philosophie et théologie. Remarques sur la situation aristotélicienne de la détermination thomiste de la théologie (S. Th. Ia, q. 1, a. 1 et 5). *Revue Philosophique de Louvain* (Louvain), v.84, p.315-44, 1986.

DE GANT, F. La mathesis d'Aristote. *Revue des Sciences Philosophiques et Théologiques* (Paris), v.59, p.564-600, 1975; v.60, p.37-84, 1976.

ELOY PONFERRADA, G. Nota sobre los grados de abstracción. *Sapientia* (Buenos Aires), v.33, p.267-84, 1978.

HANKEY, W. J. The "De trinitate" of St. Boethius and the structure of the "Summa theologiae" of St. Thomas Aquinas. In: *Congresso Internazionale di Studi Boeziani,* 5-8.10.1980, p.367-75.

KANE, W. Abstraction and the distinction of the sciences. *The Thomist (Washington)*, v.17, p.43-68, 1954.

LAIRD, W. R. The School of Merton and the Middle Sciences. *Bulletin de Philosophie Médiévale (Louvain-la-Neuve)*, v.38, p.41-51, 1996.

MALET, A. Isaac Barrow on the mathematization of nature: Theological voluntarism and the rise of geometrical optics. *Journal of the History of Ideas (New York)*, v.58, p.265-87, 1997.

MAURER, A. A neglected thomistic text on the fondation of mathematics. *Mediaeval Studies (Toronto)*, v.21, p.185-92, 1959.

MORENO, A. The subject, abstraction and methodology of Aquinas' metaphysics. *Angelicum (Roma)*, v.61, p.580-601, 1984.

MORRIS, N. A. The status of the "dimensiones intermitates" in the Thomasian principles of individuation. *Aquinas (Città del Vaticano)*, v.39, p.321-38, 1996.

NORDBERG, K. Abstraction and separation in the ligth of the historical roots of Thomas tripartition of the theoretical sciences. In: *Knowledge and the sciences in medieval philosophy*. Proceedings of the VIII International Congress of Medieval Philosophy. Helsinki: Publ. of. Luther-Agricola Society, 1990, v.3, p.144-53.

OWENS, J. Metaphysical separation in Aquinas. *Mediaeval Studies (Toronto)*, v.34, p.287-306, 1972.

RUELLO, F. La doctrine de l'illumination dans le traité "super librum Boethii de Trinitate" de Thomas d'Aquin. *Recherches de Science Religieuse*, v.64, p.341-402, 1976.

SWEENEY, E. C. *Aquinas' notion of science, Its 12th century roots and aristotelian transformation*. Austin, 1986. Ph. D. Dissertation – University of Texas at Austin. (Cf. *Dissertation Abstracts International*. Ann Arbor, Mich.: v.48, 670 A, 1987).

TOCCAFONDI, E. T. Il pensiero di San Tommaso sulle arti liberali. In: *Arts libéraux et philosophie au moyen âge*. Actes du Congrès de la SIEPM, Montréal, 1967. Montréal: Inst. d'Et. Médiévales, 1969. p.639-51.

TOGNOLO, A. *Due saggi sull'accezione metafisica del concetto di "separatio" in Tommaso d'Aquino*. Padova: Gregoriana, 1983.

VANSTEENKISTE, C. Un testo di San Tommaso in edizione critica. *Angelicum (Roma)*, v.33, p.437-42, 1956.

WAGNER, J. V. *A study of what can and what cannot be determined about "separatio" as it is discussed in the works of Thomas Aquinas*. Ph. D. Dissertation – The Catholic University of America, The School of Philosophy, N.278, 1979. (Cf. *Dissertation Abstracts International*, Ann Arbor, Mich.: v.40, 2739 A – 2740 A, 1979).

WEIDEMANN, H. Tradition und Kritik – Zur Auseinandersetzung des Thomas von Aquin mit dem Ihm Überlieferten Platonismus in der "Expositio super Librum Boethii De Trinitate". In: *Paradosis*. Studies in memory of Edwin A. Quanin. New York: Fordham Univ. Press, 1976. p.99-119.

WINANCE, E. Note sur le concept de philosophie de la mathématique. *Revue Thomiste (Paris)*, v.63, p.75-83, 1963.

_____. Les dégrés d'abstraction dans l'épistémologie de S. Thomas d'Aquin. *Revue Thomiste (Paris)*, v.91, p.531-79, 1991.

WHITTAKER, J. F. The position of mathematics in the hierarchy of speculative science. *The Thomist (Washington)*, v.3, p.467-506, 1941.

Anexos

I – *Esquema dos artigos 1 e 3 da questão 5*

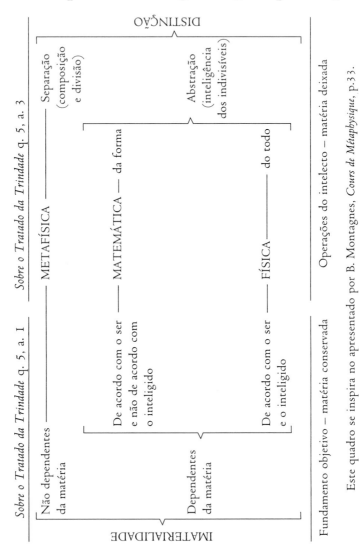

Este quadro se inspira no apresentado por B. Montagnes, *Cours de Métaphysique*, p.33.

II – Tomás de Aquino – Proêmio ao Comentário à Metafísica de Aristóteles.[1]

Como ensina o Filósofo em seus escritos políticos, quando vários são ordenados a algo, é necessário que um deles seja regulador ou diretor e os demais, regulados ou dirigidos. Isto, em verdade, é manifesto na união da alma e do corpo, pois, naturalmente, a alma ordena e o corpo obedece. Ocorre o mesmo com as potências da alma, pois o irascível e o concupiscível são, por ordem natural, dirigidos pela razão. Ora, todas as ciências e técnicas ordenam-se a algo de uno, isto é, à perfeição do homem que é a sua felicidade. Donde, ser necessário que uma delas seja ordenadora de todas as outras, a qual reivindica com razão o nome de sabedoria, pois compete ao sábio ordenar os demais.

Se examinarmos diligentemente como alguém é idôneo para dirigir, poderemos descobrir qual seja esta ciência e a respeito do que versa. Pois, como diz o Filósofo no livro acima citado, da mesma maneira como os homens intelectualmente bem dotados são naturalmente chefes e senhores dos demais, e os homens de corpo robusto, mas deficientes

---

[1] Tradução de Francisco Benjamin de Souza Netto e Carlos Arthur Ribeiro do Nascimento. *Trans/Form/Ação (São Paulo)*, v.5. p.103-6,1982.

quanto à inteligência, são naturalmente servos; assim também, a ciência que é intelectual ao máximo deve ser ordenadora de todas. Esta, porém, é aquela que versa sobre o que é mais inteligível.

Ora, podemos conceber o que é ao máximo inteligível segundo uma tríplice acepção. Primeiro, a partir da ordem da intelecção. Pois, aquilo do que o intelecto adquire certeza é certamente mais inteligível. Donde, como o intelecto adquire a certeza científica a partir das causas, o conhecimento das causas é certamente intelectual ao máximo. Portanto, aquela ciência que considera as primeiras causas é certamente ordenadora ao máximo das outras.

Em segundo lugar, a partir da comparação do intelecto com os sentidos. Pois, enquanto aos sentidos pertence o conhecimento dos particulares, o intelecto deles difere com certeza por lhe caber compreender os universais. Donde, ser ao máximo intelectual aquela ciência que verse sobre os princípios ao máximo universais. Ora, estes são o ente e o que se lhe segue, como o uno e o múltiplo, a potência e o ato. Ora, estes não devem de forma alguma permanecer indeterminados, pois, sem eles não se pode obter o conhecimento completo do que é próprio a um determinado gênero ou espécie. Nem devem, por outro lado, ser tratados numa determinada ciência particular, pois, como todos os gêneros de ente deles dependem para seu conhecimento, pela mesma razão, seriam tratados em todas as ciências particulares. Donde, resta que sejam tratados numa só ciência comum que, sendo ao máximo intelectual, é reguladora das demais.

Em terceiro lugar, a partir do próprio conhecimento do intelecto. Pois, tirando todas as coisas sua potência intelectiva de serem imunes da matéria, é mister serem ao máximo inteligíveis aquelas que são ao máximo separadas da matéria. De fato, é necessário que o inteligível e o intelecto sejam proporcionados e do mesmo gênero, pois, o intelecto e o inteligível são um no ato de intelecção. Ora, é ao máximo separado da matéria aquilo que abstrai totalmente da matéria sensível e não só da matéria singularizada "como as formas naturais tomadas em universal das quais trata a ciência da Natureza". E não só quanto à concepção, como na matemática, mas quanto ao ser, como Deus e as inteligências. Donde, a ciência que considera tais coisas ser com certeza ao máximo intelectual, primando sobre as demais e dominando-as.

Esta tríplice consideração não deve ser atribuída a diversas ciências, mas a uma única. De fato, as supracitadas substâncias separadas são as causas universais e primeiras de ser. Ora, cabe à mesma ciência considerar as causas próprias de determinado gênero e o próprio gênero, assim como a ciência da Natureza considera os princípios do corpo natural. Donde, ser necessário que à mesma ciência caiba considerar as substâncias separadas e o ente em geral, que é o gênero do qual as supracitadas substâncias são as causas comuns e universais.

Disto decorre ser manifesto que, embora esta ciência proceda à tríplice consideração acima, não considera qualquer uma delas como tema de estudo, mas apenas o ente em geral. Pois, de fato, é tema na ciência aquilo cujas causas e propriedades procuramos, não porém as próprias causas do gênero investigado. De fato, o conhecimento das causas de um gênero determinado é o fim ao qual chega a consideração da ciência. Embora o tema desta ciência seja o ente em geral, diz-se ela no seu todo referente ao que é separado da matéria segundo o ser e a concepção, pois, diz-se separado segundo o ser e a concepção não só aquilo que jamais pode ser na matéria, como Deus e as substâncias intelectuais, mas também aquilo que pode ser sem matéria, como o ente em geral. Isto porém não aconteceria se dependesse da matéria quanto ao ser.

Portanto, esta ciência recebe três nomes a partir da tríplice consideração supracitada da qual provém sua perfeição. É denominada ciência divina ou teologia na medida em que considera as substâncias separadas. Metafísica, na medida em que considera o ente e o que lhe é consequente. Pois, o que é transfísico se encontra na marcha analítica do pensamento como o que é mais geral após o menos geral. É denominada filosofia primeira, na medida em que considera as causas primeiras das coisas. Fica, portanto, explicado qual seja o tema desta ciência, como se relaciona com as demais ciências e por que nome é denominada.

III – Tomás de Aquino – *Exposição sobre os* Segundos Analíticos *de Aristóteles, Livro I, cap. 25*

1 *De outro modo, porém, difere* etc... depois que o Filósofo mostrou como a demonstração do quê difere da demonstração do porquê na mesma ciência, mostra aqui como diferem em ciências diversas.

A tal respeito faz duas coisas. Primeiro, propõe o que pretende, dizendo que o porquê difere do quê de um modo distinto dos já tratados, pelo fato de que são considerados em ciências distintas, isto é, que a uma ciência pertence saber o porquê e a outra ciência pertence saber quê.

Em segundo lugar, quando diz: *Tais são* etc. manifesta o proposto. E a tal respeito faz duas coisas: primeiro manifesta o proposto nas ciências em que uma está sob a outra; em segundo lugar, nas ciências em que uma não está sob a outra quando diz: *Enfim, muitas ciências que não são subordinadas* etc.

A respeito do primeiro, faz duas coisas: primeiro mostra como se comportam entre si as ciências das quais uma está sob a outra, a uma das quais pertence o porquê e à outra o quê; em segundo lugar, mostra como nas pré-citadas ciências, o porquê pertence a uma delas e o quê a outra, quando diz:

Aqui, com efeito, o conhecimento do quê etc. A respeito do primeiro faz duas coisas: primeiro mostra como as supracitadas ciências se comportam entre si segundo a ordem; em segundo lugar, mostra como se comportam entre si segundo a concordância, quando diz: *Certas destas ciências são quase unívocas* etc.

2 Diz, portanto, em primeiro lugar, que tais ciências (isto é, aquelas a uma das quais pertence o **quê** e à outra o **porquê**) são todas aquelas que se comportam de tal maneira entre si que uma está sob uma outra. Ora, é preciso entender que uma ciência está sob uma outra de duas maneiras. De um primeiro modo, quando o "sujeito" de uma ciência é uma espécie do "sujeito" da ciência superior, assim como o animal é uma espécie do corpo natural, e por isso a ciência dos animais está sob a ciência natural. De outro modo, quando o "sujeito" da ciência inferior não é uma espécie do "sujeito" da ciência superior; mas o "sujeito" da ciência inferior se compara ao "sujeito" da superior como o material em relação ao formal.

E é desta maneira que Aristóteles considera aqui que uma ciência está sob uma outra, assim como a **especulativa**, isto é, a perspectiva se comporta em relação à **geometria**. Com efeito, a geometria trata da linha e das outras extensões; a perspectiva, porém, trata da linha determinada a uma matéria, isto é, da linha visual. Ora, a linha visual não é uma espécie da linha pura a simples, assim como o triângulo de madeira não é uma espécie do triângulo. Com efeito, ser de madeira não é uma diferença do triângulo. A **mecânica**, isto é, a ciência da fabricação de máquinas e engenhos, comporta-se de maneira semelhante para com a **estereometria**, isto é, a ciência que trata das mensurações dos corpos. E diz-se que esta ciência está sob uma ciência, pela aplicação do formal ao material. Pois as medidas dos corpos pura e simplesmente comparam-se às medidas das madeiras e dos outros materiais requeridos para as máquinas e engenhos por aplicação do formal ao material. E a **harmônica**, isto é, a música, comporta-se de maneira semelhante para com a **aritmética**. Pois a música aplica o número formal (que o aritmético considera) à matéria, isto é, aos sons.

Comporta-se de maneira semelhante a **aparência**, isto é, a ciência naval que considera os sinais aparentes de calmaria ou de tempestade, para com a **astronomia**, que considera os movimentos e as posições dos astros.

3 Depois, quando diz: *Certas destas ciências são quase unívocas* etc., mostra como se comportam entre si as pré-citadas ciências segundo a concordância, dizendo que tais ciências **são quase unívocas** entre si. Diz "quase" porque concordam no nome do gênero e não no nome da espécie. Com efeito, todas as pré-citadas ciências são chamadas de matemáticas; algumas porque tratam de um "sujeito" abstraído da matéria, como a geometria e a aritmética, que são pura e simplesmente matemáticas; outras por aplicação dos princípios matemáticos às coisas materiais, assim como a astronomia é chamada de **matemática** e também a ciência **naval**, e igualmente a **harmônica**, isto é, a música é chamada de **matemática** e **também a que procede segundo o ouvido**, isto é, a prática da música, que conhece os sons pela experiência do ouvido. Ou pode dizer-se que são unívocas, porque concordam até no nome da espécie. Pois a (ciência) naval é chamada de astronomia e a prática da música é chamada de música. Diz, porém, "quase" porque tal não acontece em todas (estas ciências), mas em várias.

4 Depois quando diz: *Aqui, com efeito, o conhecimento do quê* etc., manifesta, como nas pré-citadas ciências, a uma delas pertence o **quê** e à outra, o **porquê**. A este respeito faz duas coisas: primeiro, mostra como cabe às ciências que contêm outras sob si dizer o **porquê**; em segundo lugar, como cabe às ciências que estão contidas sob elas dizer o **porquê** a respeito de outras ciências, quando diz: *Está porém para a perspectiva assim como esta* etc. Deve, portanto, saber-se a respeito do primeiro que em todas as ciências supracitadas, aquelas que estão contidas sob outras aplicam os princípios matemáticos ao sensível. Aquelas porém que contêm sob si as outras são mais matemáticas. Por isso o Filósofo diz primeiro que cabe aos **sensíveis**, isto é, às ciências inferiores que aplicam ao sensível conhecer o **quê**; mas saber o **porquê** cabe aos **matemáticos**, isto é, às ciências cujos princípios são aplicados ao sensível. Cabe a estas, com efeito, demonstrar o que é assumido como causa nas ciências inferiores. E como alguém poderia crer que quem conhecesse o **porquê**, necessariamente conheceria também o **quê**, remove isto em seguida, dizendo que **muitas vezes** os que sabem o **porquê** ignoram o **quê**. Manifesta isto por meio de um exemplo: **os que consideram o universal, muitas vezes ignoram certos singulares pelo fato de não aplicarem-se** pela consideração; assim como o que sabe que toda mula é estéril, ignora-o a respeito desta mula particular que não toma em consideração. De maneira semelhante o matemático que demonstra o porquê ignora às vezes o quê, pois não aplica os princípios da ciência superior ao que é demonstrado na ciência inferior.

E porque dissera que saber o porquê cabe aos matemáticos, quer mostrar qual o gênero de causa que é assumido pelos matemáticos. Donde dizer que estas ciências que recebem o porquê das matemáticas são algo de diferente, isto é, diferem destas segundo o "sujeito", isto é, enquanto aplicam à matéria. Donde, tais ciências usarem das espécies, isto é, dos princípios formais que recebem das matemáticas. Com efeito, as ciências matemáticas tratam das espécies. Pois, sua consideração não diz respeito ao sujeito, isto é, à matéria. Pois, embora aquilo que a geometria considera exista na matéria, como a linha, a superfície e coisas semelhantes; no entanto, a geometria não as considera enquanto existem na matéria, mas enquanto são abstratos. Pois a geometria abstrai da matéria segundo a consideração, aquilo que existe na matéria segundo o ser. As ciências a ela subalternadas, porém, ao contrário, tomam o que é considerado abstratamente pelo geômetra, e aplicam à matéria. Donde ser patente que a geometria diz o porquê nestas ciências segundo a causa formal.

5 Depois quando diz: *Está porém para a perspectiva assim como esta* etc., mostra que também a ciência subalternada diz o porquê, não a respeito da subalternante, mas a respeito de uma certa outra. De fato, a perspectiva é subalternada à geometria. E se compararmos a perspectiva com a geometria, a perspectiva diz o quê e a geometria, o porquê. Mas, assim como a perspectiva é subalternada à geometria, assim também a ciência do arco-íris é subalternada à perspectiva. De fato, aplica os princípios tratados pura e simplesmente pela perspectiva, a uma matéria determinada. Donde, competir ao físico que trata do arco-íris conhecer o quê; mas ao perspectivo compete saber o porquê. Com efeito o físico diz que a orientação da vista para uma nuvem disposta de certo modo em relação ao sol é a causa do arco-íris. Mas o porquê ele o toma do perspectivo.

6 Depois quando diz: *Enfim muitas ciências que não são subordinadas* etc., mostra como o quê e o porquê diferem em ciências

diversas não subalternadas, dizendo que **muitas ciências que não são subordinadas** entre si comportam-se uma em relação à outra deste mesmo modo, isto é, cabendo a uma o **quê** e à outra, o **porquê**. Como é patente da medicina e da geometria. Com efeito o "sujeito" da medicina não é incluído sob o "sujeito" da geometria como o "sujeito" da perspectiva; no entanto, os princípios da geometria são aplicáveis a alguma conclusão considerada na medicina. Por exemplo, **que as feridas circulares se curem mais lentamente**. A esse respeito, saber o **quê** compete ao médico que o experimenta, mas saber o **porquê** cabe ao **geômetra** a quem compete conhecer que o círculo é uma figura sem ângulo; donde as partes da ferida circular não se aproximarem de tal modo que possam unir-se facilmente. Deve, ainda, saber-se que esta diferença do **quê** e do **porquê**, que se dá segundo ciências diversas, está contida sob um dos modos supracitados, isto é, quando se faz uma demonstração pela causa remota.

IV – Tomás de Aquino – Exposição sobre o Perihermeneias, *Livro I, cap. 3*

1 "Acontece, porém, como na alma etc.". Depois que o Filósofo apresentou a ordem de significação das vozes, trata aqui da significação diversa das vozes, das quais algumas significam o verdadeiro e o falso, algumas não.

A este respeito faz duas considerações: primeiro, preestabelece a diferença; segundo, esclarece-a ali: "Acerca da composição etc.". Dado que as concepções do intelecto são prévias, na ordem da natureza, às vozes que são proferidas para exprimi-las, por isso determina, a partir da semelhança da diferença acerca do inteligido, a que diz respeito às significações das vozes; de tal modo que este esclarecimento seja não apenas a partir do semelhante, mas também a partir da causa que os efeitos imitam.

2 Deve considerar-se, portanto, que, assim como foi dito no princípio (cap. I, nº 1), há uma dupla operação do intelecto, como é apresentado no livro III *Sobre a alma*, em uma das quais não se encontram o verdadeiro e o falso, na outra, porém, encontram-se. Isto é o que ele diz: que na alma, às vezes, há inteligido sem verdadeiro nem falso, às vezes, porém, tem por necessidade um destes. E, posto que as vozes significativas são formadas para exprimir as concepções do intelecto, por

isso, para que o signo se conforme ao designado, é necessário que também dentre as vozes significativas, igualmente, algumas signifiquem sem verdadeiro e falso, algumas, porém, com verdadeiro e falso.

3 Depois quando diz "Acerca da composição e da divisão etc." esclarece o que dissera. Primeiro, quanto ao que dissera do inteligido; segundo, quanto ao que dissera da assimilação da voz ao inteligido, ali "Os próprios nomes, portanto, e os verbos etc.".

Para mostrar, portanto, que o inteligido às vezes se dá sem verdadeiro e falso, às vezes, porém, com um destes, diz primeiro que a verdade e a falsidade se dão acerca da composição e da divisão.

Onde é preciso entender que uma das duas operações do intelecto é a inteligência dos indivisíveis, na medida em que o intelecto intelige separadamente a quididade ou essência de qualquer coisa por si mesma, por exemplo, o que é o homem ou o que é o branco ou algo de outro similar. A outra operação do intelecto, porém, dá-se na medida em que compõe e divide simultaneamente tais concebidos simples.

Diz, portanto, que nesta segunda operação do intelecto, quer dizer, que compõe e divide, encontram-se a verdade e a falsidade; restando que na primeira operação não se encontram, como também foi apresentado no livro III *Sobre a alma*.

4 Ora, acerca disto parece haver uma dúvida, primeiro, porque, visto a divisão se dar por redução nos indivisíveis ou simples, parece que, assim como não há verdade ou falsidade nos simples, igualmente não há na divisão. Deve dizer-se, porém, que visto as concepções do intelecto serem semelhanças

das coisas, o que se dá acerca do inteligido pode ser considerado e denominado de duplo modo. De um modo, de acordo consigo mesmo; de outro modo, de acordo com as considerações das coisas, das quais são semelhanças. Assim como a imagem de Hércules, de acordo consigo mesma, é dita e é cobre; na medida, porém, em que é semelhança de Hércules é denominada homem. Assim também se considerarmos o que se dá acerca do inteligido de acordo consigo mesmo, sempre há composição onde há verdade e falsidade, as quais nunca se encontram no inteligido senão pelo fato de que o inteligido compara um concebido simples com outro. Mas, se for referido à coisa, às vezes é chamado de composição, às vezes é chamado de divisão.

Composição, quando um inteligido compara um concebido com outro, como que apreendendo a conjunção ou identidade das coisas das quais são as concepções; divisão, no entanto, quando compara um concebido com outro de tal modo a apreender que as coisas são divididas. E também, por este modo, nas vozes, a afirmação é denominada composição, na medida em que significa a conjunção, da parte da coisa; a negação, porém, é denominada divisão, na medida em que significa a separação das coisas.

5 Além disso, porém, parece que a verdade não consiste apenas na composição e divisão.

Primeiro, com efeito, pois também a coisa é dita verdadeira ou falsa, assim como o ouro é dito verdadeiro ou falso. Diz-se também que o ente e o verdadeiro são convertíveis. Donde, parecer que também a concepção simples do intelecto, que é semelhança da coisa, não carece de verdade e falsidade.

Ademais, o Filósofo diz no livro *Sobre a alma* que o sentido acerca dos sensíveis próprios é sempre verdadeiro; ora, o sentido não compõe nem divide; portanto, a verdade não está apenas na composição e na divisão.

Também, no intelecto divino não há nenhuma composição como é provado no livro XI da *Metafísica* (XII – Lambda – 1075 a 5-10); no entanto aí está a primeira e suma verdade; portanto, a verdade não se dá apenas acerca da composição e da divisão.

6 Para evidência disto deve, pois, considerar-se que a verdade encontra-se em algo de dupla maneira: de um modo, como naquilo que é verdadeiro; de outro modo, como no que diz ou conhece o verdadeiro. Ora, a verdade encontra-se, como no que é verdadeiro, tanto nos simples como nos compostos; mas, como no que diz ou conhece o verdadeiro, não se encontra senão de acordo com a composição e a divisão. O que se patenteia da seguinte maneira.

7 De fato, o verdadeiro, como diz o Filósofo no livro VI da *Ética*, é o bem do intelecto. Donde, seja o verdadeiro dito de não importa o quê, é preciso que isto se dê por referência ao intelecto.

(Ora, de fato, as vozes se comparam ao inteligido como signos, as coisas, porém, como aquilo de que os inteligidos são semelhanças.)

É de considerar, porém, que alguma coisa compara-se ao intelecto de duplo modo.

De um modo, assim como a medida para com o medido, e desta maneira as coisas naturais se comparam ao intelecto especulativo humano. E, assim, o intelecto é dito verdadeiro na medida em que se conforma à coisa; falso, porém, na medida em que discorda da coisa.

A coisa natural, porém, não é dita verdadeira por comparação com o nosso intelecto, como sustentaram alguns antigos estudiosos da natureza, estimando que a verdade das coisas está apenas no fato que é parecer; com efeito, de acordo com isto, seguir-se-ia que contraditórias seriam simultaneamente verdadeiras, pois contraditórias caem sob a opinião de diversos. No entanto, alguma coisa é dita verdadeira ou falsa por comparação com o nosso intelecto, não essencial ou formalmente, mas efetivamente, isto é, na medida em que é constituída para produzir de si uma estimativa verdadeira ou falsa; de acordo com isto o ouro é dito verdadeiro ou falso.

De outro modo, porém, as coisas se comparam ao intelecto, assim como o medido para com a medida, como é patente no intelecto prático que é causa das coisas. Donde, a obra do artífice ser dita verdadeira na medida em que atinge a determinação da arte; falsa, no entanto, na medida em que é deficiente em relação à determinação da arte.

8 E visto que tudo, mesmo o que é natural, compara-se ao intelecto divino como o produto da arte para com a arte, por conseguinte qualquer coisa é dita ser verdadeira na medida em que tem a forma própria, de acordo com a qual é imitada a arte divina. Pois, o ouro falso é verdadeiro oricalco. Deste modo, o ente e o verdadeiro são convertíveis, pois, qualquer coisa natural conforma-se à arte divina pela sua forma. Donde, o Filósofo denominar a forma de algo divino no livro I da *Física*.

9 E assim como uma coisa é dita verdadeira por comparação com a sua medida, assim também o sentido ou o intelecto cuja medida é a coisa fora da alma. Donde, o sentido ser dito verdadeiro quando, pela sua forma, conforma-se à coisa

existente fora da alma. E, assim, entende-se que o sentido acerca do sensível próprio é verdadeiro. E também deste modo o intelecto que apreende aquilo-que-algo-é sem composição e divisão, sempre é verdadeiro como é dito no livro III *Sobre a alma*.

É, no entanto, de considerar que, embora o sentido acerca do objeto próprio seja verdadeiro, não conhece este verdadeiro. De fato, não pode conhecer a referência de conformidade de si para com a coisa, mas apreende a coisa somente; o intelecto, porém, pode conhecer tal referência de conformidade; por isso, somente o intelecto pode conhecer a verdade. Donde, também o Filósofo dizer no livro VI da *Metafísica* que a verdade está apenas na mente, isto é, como no que conhece a verdade. No entanto, conhecer a supracitada referência de conformidade nada mais é que julgar que assim é na coisa ou não é, o que é compor e dividir; por isso, o intelecto não conhece a verdade senão compondo ou dividindo pelo seu juízo. O qual juízo, se consonar com as coisas, será verdadeiro, por exemplo, quando o intelecto julga a coisa ser o que é, ou não ser o que não é. Falso, porém, quando dissona da coisa, por exemplo, quando julga não ser o que é ou ser o que não é. Donde, ser patente que não há verdade e falsidade, como no que a conhece e diz, senão acerca da composição e da divisão. É desta maneira que o Filósofo fala aqui.

(Como as vozes são signos dos inteligidos, será voz verdadeira a que significa um inteligido verdadeiro; falsa, porém, a que significa um inteligido falso, embora a voz, na medida em que é uma certa coisa, seja dita verdadeira assim como as demais coisas. Donde, esta voz "o homem é asno" é verdadeira voz e verdadeiro signo, mas como é signo do falso, por isso é dita falsa.)

10 Deve compreender-se, porém, que o Filósofo fala aqui da verdade, na medida em que é pertinente ao intelecto humano, que julga da conformidade das coisas e do intelecto compondo e dividindo. Mas, o juízo do intelecto divino a este respeito é sem composição e divisão, pois, assim como, mesmo o nosso intelecto inteligente imaterialmente o que é material, assim também o intelecto divino conhece de maneira simples a composição e a divisão.

11 Depois, quando diz "Portanto, os próprios nomes e os verbos etc." explica o que dissera acerca da semelhança da voz para com o inteligido.

Primeiro, explica o proposto; segundo, prova por um sinal, ali "Sinal disto, porém etc.".

Conclui, portanto, a partir do já dito, que, visto só haver verdade ou falsidade no intelecto acerca da composição e da divisão, por conseguinte, os próprios nomes e verbos, tomados separadamente, assemelham-se ao inteligido que é sem composição e divisão; assim como, quando digo "homem" ou "branco", se nada mais for acrescentado. Com efeito, ainda não é nem verdadeiro nem falso; mas, posteriormente, quando se acrescenta "ser" ou "não ser", torna-se verdadeiro ou falso.

12 Nem é instância o caso daquele que dá uma resposta verdadeira, por um único nome, a uma pergunta feita, assim como, a quem pergunta "o que nada no mar?", alguém responde: "o peixe". Pois, entende-se o verbo que foi posto na pergunta. Assim como o nome posto por si não significa o verdadeiro ou o falso, assim também, nem o verbo dito por si; nem é instância o caso dos verbos da primeira e da segunda pessoa e dos verbos de ação excetuada [impessoais], pois, nestes entende-se um nominativo determinado. Donde, haver composição implícita, embora não explícita.

13 Depois, quando diz "Disto, no entanto, é sinal etc." introduz um sinal a partir de um nome composto, isto é, hircocervo que é composto de hirco e cervo, que em grego se diz tragelaphus, pois, tragos é hirco e laphos, cervo. De fato, tais nomes significam algo, quer dizer, certos concebidos simples, embora de coisas compostas. Por isso, não há verdadeiro ou falso, senão quando acrescenta-se "ser" ou "não ser" de acordo com o tempo presente, que é ser ou não ser em ato, e por isso, diz ser "pura e simplesmente, ou de acordo com o tempo" passado ou futuro que não é ser pura e simplesmente, mas de acordo com um certo aspecto, como quando se diz que algo foi ou será. Propositadamente, usa-se o exemplo de um nome significando o que não há na natureza das coisas, no qual a falsidade apareceria imediatamente, se pudesse haver verdadeiro e falso sem a composição e a divisão.

2
Tomás de Aquino – Sobre o Tratado da Trindade *de Boécio.* *Exposição do capítulo segundo*

Eia, pois, apliquemo-nos e examinemos cada um na medida em que pode ser inteligido e apreendido. Pois, assim como parece ter sido dito de maneira excelente, é próprio do homem instruído tentar obter certeza a respeito de cada um do modo como ele é. Ora, há três partes da especulativa: a natural, no movimento, o inabstrato, ανυπεξαιρετος. *Considera, de fato, as formas dos corpos com a matéria, que não podem ser separadas em ato dos corpos, os quais corpos são no movimento, como a terra é levada para baixo, o fogo para cima e a forma da matéria conjunta tem movimento. A matemática, sem movimento, o inabstrato. De fato, esta considera as formas dos corpos sem a matéria e por isto sem movimento, as quais formas, como são na matéria, não podem ser separadas destes. A teologia, sem movimento, o abstrato e separável. Pois, a substância de Deus é isenta de matéria e de movimento. Portanto, será preciso tratar raciocinativamente no que é natural, disciplinativamente no que é matemático e intelectivamente no que é divino, sem estender-se a imaginações, mas antes inspecionar a própria forma.*

Boécio apresentou acima [no capítulo primeiro] o ensinamento da fé católica a respeito da unidade da Trindade e expôs a razão do ensinamento. Pretende agora proceder à investigação do que foi dito. E como, de acordo com o ensinamento do Filósofo no livro II da *Metafísica*, antes da ciência é preciso investigar o modo de proceder da ciência, esta parte é dividida em duas. Na primeira, Boécio mostra o modo próprio desta investigação, que é acerca das coisas divinas. Na segunda parte, porém, procede, de acordo com o modo indicado, à investigação do apresentado onde diz *a qual é verdadeiramente forma* etc. A primeira parte é dividida em duas. Na primeira, estabelece a necessidade de mostrar o modo de investigação. Na segunda, mostra o modo adequado à presente investigação, onde diz *Ora, há três* etc.

Diz, portanto, *pois*, pelo que consta que este é o ensinamento da fé católica acerca da unidade da Trindade e que a não diferença é a razão da unidade. *Eia*, advérbio de exortação, *apliquemo-nos*, isto é, inquiramos a fundo, considerando os próprios princípios recônditos das coisas e perscrutando a verdade como que velada e escondida; e isto do modo adequado; daí, acrescentar *examinemos cada um* dos a serem ditos, *na medida em que pode ser inteligido e apreendido*, isto é, pelo modo pelo qual possa ser inteligido e apreendido. E diz os dois, pois o modo, pelo qual algo é examinado, deve ser adequado tanto às coisas como a nós; de fato, se não fosse adequado às coisas, as coisas não poderiam ser inteligidas; se, porém, não fosse adequado a nós, nós não poderíamos apreender. Pois as coisas divinas, por sua natureza, exigem que não sejam conhecidas senão pelo intelecto; donde, se alguém quisesse seguir a imaginação na consideração delas, não poderia inteligir; pois as próprias coisas não são inteligíveis deste modo; se, porém, alguém quisesse ver as coisas divinas por si mesmas e compreendê-las com a certeza assim como são compreendidos os sensíveis e as demonstrações matemáticas, não poderia apreender deste modo por causa da fraqueza de seu intelecto, embora as próprias coisas sejam, no que lhes respeita, inteligíveis deste modo. E prova que o modo adequado deve ser observado em qualquer investigação introduzindo a autoridade do Filósofo no princípio da *Ética* e isto é o que acrescenta, *Pois, assim como parece ter sido dito de maneira excelente*, isto é, por Aristóteles, no princípio da *Ética*, *é próprio do homem instruído tentar obter certeza a respeito de cada um do modo como ele é*, isto é, pelo modo adequado à própria coisa. Pois, não é possível que seja guardada igual certeza e evidência de demonstração acerca de todas as coisas. As palavras do Filósofo no livro I da *Ética* são estas: "De fato, é próprio do que é instruído buscar tanta certeza de acordo com cada gênero, na medida em que a natureza da coisa comporta".

Depois, quando diz *Ora, há três* etc. investiga o modo de proceder adequado a esta investigação pela distinção em relação aos modos de proceder que são observados nas outras ciências. E, por o modo de proceder dever ser adequado à coisa acerca da qual trata a pesquisa, esta parte é dividida em duas. De fato, na primeira distingue as ciências de acordo com as coisas acerca das quais determinam. Na segunda, mostra os modos de proceder adequados a cada uma delas, onde diz *Portanto, no que é natural* etc.

A respeito do primeiro, faz uma tríplice consideração. Primeiro, mostra acerca de que a filosofia natural considera. Em segundo lugar, acerca do que a matemática, onde diz *O que é matemático* etc. Em terceiro lugar, acerca do que a ciência divina considera, onde diz *A teologia, sem movimento* etc. Diz portanto: bem se disse, que, assim como cada um é, assim deve ser obtida certeza a seu respeito.

Ora, há três partes da especulativa, isto é, da filosofia – diz isto para diferenciar da ética, que é ativa ou prática – e em todas requer-se um modo de proceder conveniente à matéria. Ora, há as três partes citadas: a física ou natural, a matemática, a divina ou teologia. Visto, digo eu, haver três partes, *a natural*, que é uma delas, é no movimento, *inabstrata*, isto é, sua consideração trata acerca das coisas móveis não abstraídas da matéria, o que prova através de exemplos, como é patente no texto. Mas, o que diz *e a forma conjunta da matéria tem movimento* deve ser entendido da seguinte maneira: o próprio composto de matéria e forma, enquanto tal, tem o movimento que lhe é devido, ou a própria forma existente na matéria é princípio de movimento; e assim, a consideração das coisas na medida em que são materiais e na medida em que são móveis é a mesma.

Em seguida expõe acerca do que trata a matemática: *A matemática é sem movimento*, isto é, sem consideração do movimento e dos móveis, no que difere da natural, *inabstrata*, isto é, considera as formas que, de acordo com seu ser, não são abstraídas da matéria, no que coincide com a natural; e expõe como isto se dá. *De fato, esta*, isto é, a matemática, *considera as formas sem a matéria e por isto sem movimento*, pois onde quer que há movimento, há matéria, como se prova no livro IX da *Metafísica*, pelo modo pelo qual há aí movimento e, assim, a própria consideração do matemático é sem matéria e movimento. *As quais formas*, isto é, acerca das quais o matemático considera, *como são na matéria, não podem ser separadas destes* de acordo com o ser.

Depois, mostra acerca do que trata a terceira, isto é, a divina: *A teologia*, isto é, a terceira parte da especulativa, que é denominada divina ou metafísica ou filosofia primeira, *é sem movimento*, no que coincide com a matemática e difere da natural, *abstrata*, isto é, da matéria e *inseparável*, por ambos os quais difere da matemática. De fato, as coisas divinas são abstraídas da matéria e do movimento, de acordo com o ser, mas as matemáticas inabstratas são porém separáveis pela consideração; mas, as coisas divinas, inseparáveis, pois, nada é separável, a não ser que esteja conjunto. Donde, as coisas divinas não serem separáveis da matéria de acordo com a consideração, mas abstratas de acordo com o ser; no entanto, as coisas matemáticas ao contrário. E prova isto pela substância de Deus, acerca da qual a ciência divina considera primordialmente, donde ser denominada a partir daí.

Depois, quando diz *Portanto, no que é natural* etc., mostra qual é o modo de proceder adequado às partes mencionadas. Acerca disto, faz uma dupla consideração: primeiro, conclui quais são os modos de proceder adequados a cada uma das partes citadas e a exposição desta parte é deixada para a discussão; em segundo lugar, expõe o último modo de proceder que é próprio à presente investigação. E isto de duplo modo: primeiro, removendo o que é um impedimento, dizendo que *não convém entregar-se a imaginações no que é divino*, de tal modo que, julgando a respeito disto, sigamos o juízo da imaginação; em segundo lugar, mostrando o que é próprio onde diz *mas, antes inspecionar a própria forma* sem movimento e matéria, cujas condições expõe em seguida adentrando a investigação proposta.

Há aqui uma dupla questão: a primeira, a respeito da divisão da especulativa que sustenta no texto; a segunda, a respeito dos modos de proceder que atribui às partes da especulativa.

Questão 5

A respeito do primeiro, há quatro perguntas: primeiro, se é adequada a divisão pela qual a especulativa é dividida nas três partes seguintes: natural, matemática e divina; segundo, se a filosofia natural trata do que é no movimento e na matéria; terceiro, se a consideração matemática trata, sem movimento e matéria, do que é na matéria; quarto, se a ciência divina trata do que é sem matéria e movimento.

Artigo Primeiro

Quanto ao primeiro, argumenta-se da seguinte maneira: parece que a especulativa é dividida de modo inadequado nestas três partes. Com efeito, as partes da especulativa são os hábitos que aperfeiçoam a parte contemplativa da alma. Ora, o Filósofo sustenta no livro VI da *Ética* que o que há de científico na alma, que é sua parte contemplativa, é aperfeiçoado por três hábitos: a sabedoria, a ciência e a inteligência. Logo, estes três são as partes da especulativa e não aquelas apresentadas no texto.

2 Ademais. Agostinho diz no livro VIII de *A cidade de Deus* que a filosofia racional, que é a lógica, está contida sob a filosofia contemplativa ou especulativa. Portanto, como não faz menção dela, parece que a divisão é insuficiente.

3 Ademais. Divide-se comumente a filosofia nas sete artes liberais, entre as quais não estão contidas nem a natural nem a divina, mas apenas a racional e a matemática. Portanto, a natural e a divina não deveriam ser colocadas como partes da especulativa.

4 Ademais. Parece que a ciência da medicina é operativa por excelência e, todavia, sustenta-se que nela há uma parte especulativa e outra prática. Logo, pela mesma razão, em todas as outras ciências operativas, uma parte é especulativa; assim, devia ser feita menção nesta divisão da ética ou moral, apesar de ser ativa, por causa de sua parte especulativa.

5 Ademais. A ciência da medicina é uma parte da física; e igualmente certas outras artes chamadas mecânicas como a ciência da agricultura, a alquimia e outras semelhantes. Ora, como estas são operativas, não parece que a natural deveria ser posta de modo absoluto sob a especulativa.

6 Ademais. O todo não deve ser dividido em oposição à parte. Ora, parece que a ciência divina é como o todo com respeito à física e à matemática, visto que os sujeitos destas são partes do sujeito daquela. Pois, o sujeito da ciência divina, que é a filosofia primeira, é o ente, do qual a substância móvel, que o estudioso da natureza considera, é uma parte e igualmente a quantidade, que o matemático considera, como está claro no livro III da *Metafísica*. Logo, a ciência divina não deve ser dividida em oposição à natural e à matemática.

7 Ademais. As ciências se dividem do mesmo modo que as coisas, como está dito no livro III *Sobre a alma*. Ora, a filosofia

trata do ente; é, com efeito, o conhecimento do ente como diz Dionísio na *Epístola a Policarpo*. Ora, como o ente se divide em primeiro lugar pela potência e ato, uno e múltiplo, substância e acidente, parece que as partes da filosofia deveriam se distinguir por meio destes.

8 Ademais. Há muitas outras divisões dos entes, dos quais tratam as ciências, mais essenciais do que estas que se dão pelo móvel e imóvel, pelo abstrato e não abstrato, ou seja, pelo corpóreo e incorpóreo, animado e inanimado e por outros semelhantes. Portanto, a divisão das partes da filosofia deveria ser tomada antes por meio destas diferenças do que por aquelas que aqui são mencionadas.

9 Ademais. A ciência da qual as outras extraem seus pressupostos deve lhes ser anterior. Ora, todas as outras ciências extraem seus pressupostos da ciência divina porque cabe-lhe provar os princípios das outras ciências. Logo, deveria colocar a ciência divina antes das outras.

10 Ademais. A matemática apresenta-se no aprendizado antes da natural, pelo fato de que as crianças podem facilmente aprender matemática, não porém a natural, mas apenas os avançados, como se diz no livro VI da *Ética*. Daí, dizer-se que a seguinte ordem fosse observada entre os antigos no aprendizado das ciências: os humanos estudariam primeiro a lógica, depois a matemática, depois da qual a natural e depois desta a moral e só então as ciências divinas. Portanto, a matemática deveria ser colocada antes da ciência natural. Assim, parece que esta divisão é insuficiente.

Em sentido contrário, que esta divisão seja adequada é provado pelo Filósofo no livro VI da *Metafísica*, onde diz: "Por isso, haverá três ciências filosóficas e teóricas — matemática, física e teologia".

2 Ademais. No livro II da *Física* são reconhecidos três modos de proceder das ciências que também parecem corresponder a estas três.

3 Ademais. Ptolomeu também usa esta divisão no princípio do *Almagesto*.

Resposta. É preciso dizer que o intelecto teórico ou especulativo se distingue propriamente do operativo ou prático nisto: o especulativo tem por fim a verdade que considera, o prático, na verdade, ordena a verdade considerada à operação, como a um fim. Assim, o Filósofo diz no livro III *Sobre a alma* que diferem entre si pelo fim e no II da *Metafísica* diz-se que o "fim da especulativa é a verdade, mas o fim da operativa é a ação". Ora, como é preciso que a matéria seja proporcionada ao fim, é preciso que a matéria das ciências práticas sejam as coisas que podem ser feitas por nossa obra, de tal modo que o conhecimento delas possa ser ordenado à operação como a um fim. A matéria das ciências especulativas, no entanto, precisa ser coisas que não são feitas por nossa obra; donde, a consideração delas não pode ser ordenada à operação como a um fim. É de acordo com a distinção destas coisas que é preciso distinguir as ciências especulativas.

Ora, é necessário saber, que quando os hábitos ou as potências são distinguidos pelos objetos, não são distinguidos de acordo com quaisquer diferenças dos objetos, mas de acordo com aquelas que competem, por si, aos objetos na medida em que são objetos. De fato, ser animal ou planta é acidental ao sensível na medida em que é sensível; assim, não é de acordo com isso que é estabelecida a distinção dos sentidos, mas antes de acordo com a diferença da cor e do som. Por isso, é preciso dividir as ciências especulativas pelas diferenças dos especuláveis na medida em que são especuláveis. Ora, ao especulável, que é o objeto da potência especulativa, compete algo da parte da potência especulativa e algo da parte do hábito de ciência pelo qual o intelecto é aperfeiçoado. Com efeito, da parte do intelecto compete-lhe que seja imaterial, porque também o próprio intelecto é imaterial; da parte da ciência, compete-lhe, na verdade, que seja necessário, porque a ciência diz respeito ao necessário, como se prova no livro I dos *Segundos Analíticos*. Ora, todo necessário enquanto tal é imóvel; pois, tudo o que se move, enquanto tal, é possível ser e não ser pura e simplesmente ou sob um certo aspecto, como se diz no livro IX da *Metafísica*. Assim, pois, ao especulável, que é o objeto da ciência especulativa, compete por si a separação da matéria e do movimento ou a aplicação a estes. Assim, as ciências especulativas se distinguem segundo a ordem de afastamento da matéria e do movimento.

Há, pois, entre os especuláveis alguns que dependem da matéria no que se refere ao ser porque não podem ser senão da matéria. Estes distinguem-se, porque alguns dependem da matéria no que se refere ao ser e ao inteligido, como aquilo em cuja definição é posta a matéria sensível; donde não poder ser inteligido sem a matéria sensível, como na definição do ente humano é preciso incluir a carne e os ossos. Destes se ocupa a física ou ciência natural. Há, ainda, alguns, que apesar de dependerem da matéria no que se refere ao ser, não dependem no que se refere ao inteligido porque a matéria sensível não é posta em suas definições, como a linha e o número. Destes trata a matemática. Há, até mesmo, certos especuláveis que não dependem da matéria no que se refere ao ser, pois podem ser sem a matéria, quer nunca sejam na matéria como Deus e o anjo, quer sejam na matéria em alguns e em alguns não, como a substância, a qualidade, o ente, a potência, o ato, o uno e o múltiplo e semelhantes. De todos estes trata a teologia, isto é, a ciência divina, pois Deus é o principal do que nela é conhecido. A qual, com outro nome, é chamada de metafísica, isto é, além da física, porque ocorre a nós, que precisamos passar do sensível ao insensível, que devemos aprendê-la depois da física; é chamada também de filosofia primeira na medida em que todas as outras ciências, recebendo dela seus princípios, vêm depois dela. Não é possível que haja algumas coisas que, no que se refere ao inteligido, dependam da matéria e não no que se refere ao ser, pois o intelecto no que lhe cabe é imaterial; por isso, não há um quarto gênero de filosofia além dos precedentes.

1 Ao primeiro argumento é preciso, portanto, dizer que o Filósofo no livro VI da *Ética* determina acerca dos hábitos intelectuais, na medida em que são virtudes intelectuais. Ora, são denominados virtudes, na medida em que aperfeiçoam em sua operação. Com efeito, "a virtude é o que torna bom o seu possuidor e torna boa sua ação". Assim, diversifica tais virtudes de acordo com a maneira diversa pela qual é aperfeiçoado por tais hábitos especulativos. De fato, a parte especulativa da alma é aperfeiçoada pela inteligência, que é o hábito dos princípios pelo qual algo se torna evidente por si mesmo, de maneira diferente da maneira pela qual se conhecem as conclusões demonstradas a partir destes princípios, quer a demonstração parta das causas inferiores, como se dá na ciência, quer das causas mais elevadas, como se dá na sabedoria. No entanto, quando se distinguem as ciências, na medida em que são certos hábitos, é preciso que sejam dis-

tinguidas de acordo com seus objetos, isto é, de acordo com as coisas de que tratam as ciências. É assim que são distinguidas aqui e no livro VI da *Metafísica* três partes da filosofia especulativa.

2 Ao segundo, é preciso dizer que as ciências especulativas, como está claro no princípio da *Metafísica*, versam sobre aquilo cujo conhecimento é procurado por si mesmo. Ora, as coisas de que a lógica se ocupa não são das que se deseja conhecer por si mesmas, mas como um certo auxílio para as outras ciências. Portanto, a lógica não está contida sob a filosofia especulativa como parte principal, mas como algo reduzido à filosofia especulativa, na medida em que fornece à especulação seus instrumentos, isto é, os silogismos, definições e similares, dos quais necessitamos nas ciências especulativas. Donde, de acordo com Boécio, no *Comentário sobre Porfírio*, a lógica não é tanto uma ciência, mas antes instrumento da ciência.

3 Ao terceiro, é preciso dizer que as sete artes liberais não dividem de maneira suficiente a filosofia teórica, mas, assim como diz Hugo de São Vitor no livro III do seu *Didascalicon*, deixadas de lado algumas outras, enumeram-se sete porque nestas instruíam-se primeiro os que desejavam estudar filosofia. São, assim, distinguidas em trívio e quadrívio "porque, por meio delas, como se fossem certas vias, o espírito ardoroso penetra nos segredos da filosofia". Isto também concorda com as palavras do Filósofo que diz no livro II da *Metafísica* que o modo de proceder da ciência deve ser procurado antes das ciências. O Comentador diz no mesmo lugar que alguém deve aprender, antes de todas as outras ciências, a lógica, à qual pertence o trívio, e que ensina o modo de proceder de todas as ciências. Diz também no livro VI da *Ética* que a matemática pode ser aprendida pelas crianças, não porém a física

que requer o experimento. Dá-se, assim, a entender que a matemática, à qual pertence o quadrívio, deve ser aprendida imediatamente depois da lógica. Assim, por meio destas, como que através de certas vias, o espírito prepara-se para as demais disciplinas filosóficas.

Ou então, estas, dentre as demais ciências, são chamadas de artes porque implicam, não só conhecimento, mas uma certa obra que procede imediatamente da razão, como a construção de um silogismo, formar uma oração, enumerar, medir, compor melodias e calcular o curso dos astros. As demais ciências, na verdade, ou não implicam uma obra, mas apenas conhecimento, como a ciência divina e natural; portanto, não podem ter o nome de arte, pois a arte é denominada uma razão fabricadora, como se diz no livro VI da *Metafísica*; ou implicam uma obra corporal, como a medicina, a alquimia e outras semelhantes. Daí, não poderem ser chamadas de artes liberais porque tais atos pertencem ao ente humano pela parte pela qual não é livre, isto é, por parte do corpo. Quanto à ciência moral, embora seja em vista da operação, tal operação não é ato de ciência, mas antes de virtude, como é patente no livro da *Ética*. Daí, não poder ser denominada arte; ao contrário, nestas operações a virtude se coloca no lugar da arte. Vem daí que os antigos definiram a virtude como a arte de viver bem e retamente, como diz Agostinho no livro VI de *A cidade de Deus*.

4 Ao quarto, é preciso dizer que, como diz Avicena no princípio de sua *Medicina*, distinguem-se diferentemente o teórico e o prático quando a filosofia é dividida em teórica e prática, quando as artes são divididas em teóricas e práticas, quando a medicina o é. De fato, quando a filosofia ou mesmo as artes são distinguidas pelo teórico e o prático, deve-se to-

mar sua distinção a partir do fim, de tal modo que seja dito teórico o que se ordena exclusivamente ao conhecimento da verdade, e prático o que se ordena à operação. Há, porém, a seguinte diferença quando assim se divide toda a filosofia e as artes: na divisão da filosofia faz-se referência ao fim da beatitude ao qual toda a vida humana se ordena. Com efeito, como diz Agostinho no livro XX de *A cidade de Deus*, a partir das palavras de Varrão: "não há nenhum outro motivo para o ente humano filosofar, a não ser para que seja feliz". Ora, como os filósofos afirmam uma dupla felicidade, uma contemplativa e outra ativa, como é patente no livro X da *Ética*, de acordo com isto distinguiram também duas partes da filosofia, a moral, que denominaram prática, e a natural e racional, que denominaram teórica. No entanto, quando algumas artes são denominadas especulativas e algumas práticas, faz-se referência a alguns fins particulares destas artes, como se dissermos que a agricultura é uma arte prática e a dialética, teórica. Quando, porém, a medicina é dividida em teórica e prática, a divisão não é considerada a partir do fim. Deste ponto de vista, toda a medicina está contida sob a prática por ser ordenada à operação. Considera-se a mencionada divisão, na medida em que o que é tratado na medicina é próximo ou afastado da operação. Chama-se prática a parte da medicina que ensina o modo de operar em vista da cura, por exemplo, que tais remédios devem ser ministrados para tais abcessos; e teórica a parte que ensina os princípios pelos quais o ente humano se dirige na operação, mas não de maneira próxima, por exemplo, que há três virtudes e que há tantos tipos de febre. Donde, não ser preciso, se alguma parte de uma ciência ativa for denominada teórica, que por isso esta parte seja colocada sob a filosofia especulativa.

5 Ao quinto, é preciso dizer que uma ciência está compreendida sob uma outra de duas maneiras: de um modo, como sua parte, isto é, quando seu sujeito é uma parte do sujeito desta, como a planta é uma parte do corpo natural; daí, também a ciência das plantas está compreendida, como uma parte, sob a ciência natural; de outro modo, uma ciência está compreendida sob uma outra como subalternada a ela, isto é, quando na ciência superior determina-se o porquê daquilo de que na ciência inferior só se conhece o quê, assim como a música está colocada sob a aritmética. Portanto, a medicina não está colocada sob a física como parte. Com efeito, o sujeito da medicina não é parte do sujeito da ciência natural, de acordo com a determinação pela qual é sujeito da medicina. Pois, embora o corpo curável seja corpo natural, não é sujeito da medicina, na medida em que é curável pela natureza, mas na medida em que é curável pela arte. Todavia, uma vez que mesmo na cura que se dá pela arte, a arte é instrumento da natureza, pois a saúde é conseguida com o auxílio da arte, a partir de alguma virtude natural, segue-se que é preciso tomar o porquê da operação da arte das propriedades das coisas naturais. Por isso, a medicina subalterna-se à física, e pela mesma razão, a alquimia, a ciência da agricultura e todas deste tipo. Resta, pois, que a física nela própria e em todas as suas partes é especulativa, embora algumas ciências operativas lhes sejam subalternadas.

6 Ao sexto, é preciso dizer que, ainda que os sujeitos das outras ciências sejam partes do ente, que é o sujeito da metafísica, não é necessário que as outras ciências sejam partes dela. Pois, cada uma das ciências toma uma parte do ente, de acordo com um modo particular de considerar distinto do modo pelo qual o ente é considerado na metafísica. Donde,

falando propriamente, o sujeito dela não é parte do sujeito da metafísica; pois, não é parte do ente, de acordo com a determinação pela qual o ente é sujeito da metafísica, mas considerando-se esta determinação, ela própria é uma ciência particular distinta das outras. No entanto, poderia ser dita parte da metafísica deste modo, a ciência que trata da potência ou que trata do ato, ou do uno ou de algo semelhante porque estes têm o mesmo modo de ser considerado que o ente, do qual se trata na metafísica.

7 Ao sétimo, é preciso dizer que aquelas partes do ente exigem o mesmo modo de tratar que o ente em comum, porque também elas não dependem da matéria, e, portanto, a ciência que trata delas não se distingue da ciência que trata do ente em comum.

8 Ao oitavo, é preciso dizer que as demais diversificações das coisas que o argumento menciona não são diferenças a elas pertinentes por si na medida em que são cognoscíveis cientificamente; daí, as ciências não se distinguirem de acordo com elas.

9 Ao nono, é preciso dizer que, ainda que a ciência divina seja naturalmente a primeira de todas as ciências, em relação a nós, as outras ciências são anteriores. De fato, como diz Avicena no princípio de sua *Metafísica*, a posição desta ciência é que seja estudada depois das ciências naturais, nas quais é determinado muito do que esta ciência se serve, tal como a geração, a corrupção, o movimento e outros semelhantes. Igualmente, também depois das matemáticas, pois esta ciência necessita, para o conhecimento das substâncias separadas, conhecer o número e as posições dos orbes celestes, o que não é possível sem a astronomia, para a qual toda a matemática é pré-requerida; as outras ciências são, na verdade, para aperfeiçoá-la, como a música, a moral ou outras semelhantes.

Nem há forçosamente círculo vicioso porque ela própria supõe o que é provado nas outras, uma vez que ela própria prova os princípios das outras. Pois, os princípios que uma outra ciência, como a natural, recebe da filosofia primeira não provam o mesmo que o filósofo primeiro recebe da natural, mas é provado por outros princípios evidentes por si mesmos. Igualmente, o filósofo primeiro não prova os princípios que transmite ao estudioso da natureza pelos princípios que dele recebe, mas por outros princípios que são evidentes por si mesmos. Assim, não há nenhum círculo vicioso na definição.

Ademais, os efeitos sensíveis dos quais partem as demonstrações naturais, em princípio, são mais conhecidos em relação a nós. Mas, quando, por meio deles, chegarmos ao conhecimento das causas primeiras, a partir delas nos será manifesto o porquê daqueles efeitos a partir dos quais são provadas por demonstração de quê. Assim, a ciência natural transmite alguma coisa à ciência divina, e, no entanto, seus princípios são evidenciados por esta. Daí, que Boécio coloque por último a ciência divina porque é a última em relação a nós.

10 Ao décimo, é preciso dizer que, embora a ciência natural deva ser estudada depois da matemática, pelo fato de que seus ensinamentos universais exijam experimento e tempo, as coisas naturais, por serem sensíveis, são naturalmente mais evidentes do que as coisas matemáticas abstraídas da matéria sensível.

Artigo segundo

Quanto ao segundo, argumenta-se da seguinte maneira: parece que a ciência natural não trata do que é no movimento e na matéria. Com efeito, a matéria é o princípio de individuação.

Ora, nenhuma ciência trata dos indivíduos, mas somente dos universais, de acordo com a sentença de Platão apresentada em Porfírio. Portanto, a ciência natural não trata do que é na matéria.

2 Ademais. A ciência pertence ao intelecto. Ora, o intelecto conhece abstraindo da matéria e das condições da matéria. Portanto, não pode haver ciência nenhuma do que não for abstraído da matéria.

3 Ademais. Na ciência natural, trata-se do primeiro motor, como é patente no livro VIII da *Física*. Ora, ele é imune de toda matéria. Portanto, a ciência natural não trata apenas do que é na matéria.

4 Ademais. Toda ciência trata do necessário. Ora, tudo que se move, enquanto tal, é contingente, como se prova no livro IX da *Metafísica*. Portanto, não pode haver nenhuma ciência das coisas móveis, e assim, nem ciência natural.

5 Ademais. Nenhum universal se move, pois, o ente humano universal não se cura, mas este ente humano, como se diz no princípio da *Metafísica*. Ora, toda ciência trata dos universais. Portanto, a ciência natural não trata do que é no movimento.

6 Ademais. Na ciência natural determina-se a respeito de algo que não se move, como é a alma, como se prova no livro I *Sobre a alma*, e a Terra, como se prova no livro II *Sobre o céu e o mundo*; e até mesmo todas as formas naturais não vêm a ser nem se corrompem e, pela mesma razão, não se movem senão acidentalmente, como se prova no livro VII da *Metafísica*. Portanto, nem tudo de que trata a física é no movimento.

7 Ademais. Toda criatura é mutável, já que a verdadeira imutabilidade só cabe a Deus, como diz Agostinho. Se, portanto, cabe à ciência natural a consideração do que é no movi-

mento, caber-lhe-á considerar a respeito de todas as criaturas, o que se mostra claramente falso.

Em sentido contrário. Cabe à ciência natural determinar a respeito das coisas naturais. Ora, as coisas naturais são as em que há princípio de movimento. Mas, onde quer que haja movimento é preciso que haja matéria, como se diz no livro IX da *Metafísica*. Portanto, a ciência natural trata do que é no movimento e na matéria.

2 Ademais. É preciso que haja alguma ciência especulativa a respeito do que é na matéria e no movimento; do contrário, a transmissão da filosofia, que é o conhecimento do ente, não seria perfeita. Ora, nenhuma outra ciência especulativa trata disto, pois nem a matemática nem a metafísica o fazem. Portanto, a ciência natural trata disto.

3 Ademais. Isto é patente a partir do que diz o Filósofo no livro VI da *Metafísica* e no livro II da *Física*.

Resposta. É preciso dizer que, por causa da dificuldade desta questão, Platão foi obrigado a afirmar as ideias. Pois, como diz o Filósofo no livro I da *Metafísica*, crendo que todos os sensíveis estão sempre em fluxo, de acordo com a opinião de Crátilo e Heráclito e, assim, julgando que não pode haver ciência a respeito deles, afirmou certas substâncias separadas dos sensíveis, a respeito das quais tratariam as ciências e seriam dadas as definições. Ora, ocorre aqui uma falha pelo fato de que não distinguiu o que é por si do que é de acordo com o acidente; assim, de acordo com o acidente, falham frequentemente até os sábios, como se diz no livro I dos *Elencos*.

Ora, como se prova no livro VII da *Metafísica*, visto na substância sensível encontrar-se o próprio todo, isto é, o composto, e a noção, isto é, sua forma, por si gera-se e corrompe-se o composto, mas não a noção ou forma, mas apenas acidentalmente. "De fato, não se faz a casa ser", como se diz no mesmo lugar, "mas esta casa". Ora, o que quer que seja pode ser considerado sem tudo o que não se refere a ele por si; assim, as formas e noções, ainda que sejam de coisas existentes em movimento, na medida em que são consideradas em si, são sem movimento. É assim que dizem-lhes respeito as ciências e as definições como o Filósofo diz no mesmo lugar. Pois, as ciências das substâncias sensíveis não se baseiam sobre o conhecimento de algumas substâncias separadas dos sensíveis, como se prova no mesmo lugar.

As noções deste tipo, que as ciências que tratam das coisas consideram, são consideradas sem movimento; assim, é preciso que sejam consideradas sem aquilo de acordo com o que cabe o movimento às coisas móveis. Ora, como todo movimento é medido pelo tempo e o primeiro movimento seja o movimento local, o qual removido, nenhum outro movimento se encontra, é preciso que algo seja móvel na medida em que é aqui e agora; ora, isto acompanha a própria coisa móvel, na medida em que é individuada pela matéria existente sob dimensões indicadas. Donde, é preciso que tais noções, de acordo com as quais as ciências podem tratar das coisas móveis, sejam consideradas sem a matéria indicada, e sem tudo o que se segue à matéria indicada, mas não sem a matéria não indicada, pois de sua noção depende a noção da forma que determina para si uma matéria. Por isso, a noção de ente humano, que a definição indica e de acordo com a qual a ciência argumenta, é considerada sem estas carnes e sem estes ossos, mas não sem as carnes e os ossos de modo absoluto. Visto que os singulares incluem na sua noção a matéria indicada e os universais a matéria comum, como se diz no livro VII da *Metafísica*, por isso a supracitada abstração não é denominada da forma em relação à matéria de modo absoluto, mas do universal em relação ao particular. Tais noções assim abstraídas podem, portanto, ser consideradas de dois modos. De um modo, de acordo com elas próprias e, assim, são consideradas sem movimento e matéria indicada, e isto não se encontra nelas senão de acordo com o ser que têm no intelecto. De outro modo, na medida em que se referem às coisas das quais são noções, as quais coisas são na matéria e no movimento. E, assim, são princípios para conhecê-las, pois toda coisa é conhecida pela sua forma. Deste modo, através de tais noções imóveis e consideradas sem matéria particular, tem-se conhecimento na ciência natural das coisas móveis e materiais existentes fora da alma.

1 Ao primeiro argumento é preciso, portanto, dizer que a matéria não é princípio de individuação senão na medida em que é existente sob as dimensões indicadas. Deste modo, mesmo a ciência natural abstrai da matéria.

2 Ao segundo, é preciso dizer que a forma inteligível é a quididade da coisa; pois, o objeto do intelecto é o "quid", como se diz no livro III *Sobre a alma*. Ora, a quididade do composto universal, como do ente humano ou do animal, inclui em si a matéria universal, mas não a particular, como se diz no livro VII da *Metafísica*. Donde, o intelecto comumente abstrai da matéria indicada e de suas condições, mas não da matéria comum na ciência natural; embora, mesmo na ciência natural, não se considere a matéria senão em referência à forma; donde, também a forma ter prioridade sobre a matéria na consideração da ciência natural.

3 Ao terceiro, é preciso dizer que, na ciência natural não se trata do primeiro motor como de seu sujeito ou de parte

do sujeito, mas como do termo ao qual a ciência natural conduz. Ora, o termo não pertence à natureza da coisa da qual é termo, mas tem alguma relação para com esta coisa, assim como o termo da linha não é linha, mas tem para com ela alguma relação. Assim também o primeiro motor é de outra natureza que as coisas naturais; tem, no entanto, para com elas alguma relação, na medida em que lhes imprime o movimento, e assim cai na consideração da ciência natural, quer dizer, não por si mesmo, mas na medida em que é motor.

4 Ao quarto, é preciso dizer que a ciência trata de algo de dois modos. De um modo, em primeiro lugar e principalmente; desta maneira a ciência trata das noções universais, sobre as quais se baseia. De outro modo, trata de algo secundariamente e como que por uma certa reflexão; desta maneira trata daquelas coisas, às quais aquelas noções pertencem, na medida em que aplica, com o auxílio das potências inferiores, aquelas noções mesmo às coisas particulares, às quais pertencem. Pois, aquele que sabe serve-se da noção universal, quer como coisa sabida, quer como meio de saber; pois, pela noção universal do ente humano posso julgar deste ou daquele. Ora, todas as noções universais das coisas são imóveis e por esta razão, quanto a isso, toda ciência trata do necessário; mas, algumas das coisas, às quais aquelas noções pertencem, são necessárias e imóveis e algumas contingentes e móveis; quanto a isso, diz-se que as ciências tratam das coisas contingentes e móveis.

5 Ao quinto, é preciso dizer que, embora o universal não se mova, é a noção da coisa móvel.

6 Ao sexto, é preciso dizer que as almas e as outras formas naturais, embora não se movam por si, movem-se acidentalmente e, além do mais, são perfeições de coisas móveis e, nes-

ta medida, caem na consideração da ciência natural. A Terra, na verdade, embora não se mova segundo o todo, o que lhe advém na medida em que está no seu lugar natural, no qual algo repousa pela mesma natureza pela qual é movido para o lugar, suas partes se movem para o lugar, caso estejam fora do lugar próprio. Assim, a Terra cai na consideração da ciência natural, tanto por causa do repouso do todo, como por causa do movimento das partes.

7 Ao sétimo, é preciso dizer que aquela mutabilidade que cabe a toda criatura não se dá de acordo com algum movimento natural, mas de acordo com a dependência para com Deus, pelo qual, se fosse abandonada a si, ficaria desprovida daquilo que é. Ora, esta dependência cabe antes à consideração do metafísico do que à do estudioso da natureza. Além disso, as criaturas espirituais não são mutáveis senão de acordo com a escolha, e tal mutação não cabe ao estudioso da natureza, mas antes ao estudioso da ciência divina.

Artigo terceiro

Quanto ao terceiro, argumenta-se da seguinte maneira: parece que a consideração matemática não trata, sem matéria, do que tem ser na matéria. De fato, como a verdade consiste na adequação da coisa ao intelecto, é preciso que haja falsidade sempre que a coisa é considerada diferentemente do que é. Se, portanto, a matemática considera, sem a matéria, as coisas que são na matéria, sua consideração será falsa, e assim, não será ciência, visto que toda ciência trata do verdadeiro.

2 Ademais. De acordo com o Filósofo, no livro I dos *Segundos Analíticos*, compete a qualquer ciência considerar seu sujeito e as partes do sujeito. Ora, a matéria faz parte, quan-

to ao ser, de tudo que é material. Portanto, não pode ser que uma ciência considere a respeito do que é na matéria, sem que considere a matéria.

3 Ademais. Todas as linhas retas são da mesma espécie. Ora, a matemática considera as linhas retas enumerando-as; de outro modo não consideraria o triângulo e o quadrado. Portanto, considera as linhas na medida em que diferem em número e se reúnem na espécie. Ora, o princípio de diferenciação dos que se reúnem na espécie é a matéria, como fica claro pelo que foi dito antes. Portanto, a matéria é considerada pelo matemático.

4 Ademais. Nenhuma ciência que abstrai completamente da matéria demonstra pela causa material. Ora, em matemática fazem-se algumas demonstrações que não podem reduzir-se senão à causa material, como quando se demonstra algo do todo pelas partes; pois, as partes são a matéria do todo, como se diz no livro II da *Física*. Donde, também nos *Segundos Analíticos* reduzir-se à causa material a demonstração pela qual se demonstra que o ângulo inscrito no semicírculo é reto, pelo fato de que cada uma de suas duas partes é meio reto. Portanto, a matemática não abstrai inteiramente da matéria.

5 Ademais. O movimento não pode se dar sem a matéria. Ora, o matemático deve considerar o movimento; pois, visto o movimento ser medido de acordo com o espaço, parece pertencer à mesma noção e à mesma ciência considerar a quantidade do espaço, o que cabe ao matemático, e a quantidade do movimento. Portanto, o matemático não deixa inteiramente de lado a consideração da matéria.

6 Ademais. A astronomia é uma parte da matemática e igualmente a ciência da esfera em movimento, a ciência dos pesos e a música, em todas as quais faz-se consideração do

movimento e das coisas móveis. Portanto, a matemática não abstrai totalmente da matéria e do movimento.

7 Ademais. A consideração do estudioso da natureza é toda acerca da matéria e do movimento. Ora, certas conclusões são demonstradas conjuntamente pelo matemático e pelo estudioso da natureza; por exemplo, se a Terra é redonda e se está no meio do céu. Portanto, não pode ser que a matemática abstraia inteiramente da matéria.

Se for dito que abstrai somente da matéria sensível, contra: a matéria sensível se apresenta como a matéria particular, pois os sentidos se ocupam do particular, da qual todas as ciências abstraem; portanto, a consideração matemática não deve ser denominada mais abstrata do que alguma das outras ciências.

8 Ademais. O Filósofo diz no livro II da *Física* que há três tratamentos: o primeiro trata do móvel e corruptível, o segundo do móvel e incorruptível, o terceiro do imóvel e incorruptível. Ora, o primeiro é o natural, o terceiro o divino, o segundo o matemático, como Ptolomeu expõe no princípio do *Almagesto*. Portanto, a matemática trata do que é móvel.

Em sentido contrário está o que o Filósofo diz no livro VI da *Metafísica*.

2 Ademais. Há certas coisas que, embora sejam na matéria, não incluem a matéria em sua definição; por exemplo, o curvo e nisto difere do arrebitado. Ora, a filosofia deve considerar a respeito de todos os entes. Portanto, é preciso que haja alguma parte da filosofia que trate do que é deste tipo, e esta é a matemática, pois não pertence a nenhuma outra.

3 Ademais. O que é anterior de acordo com a intelecção, pode ser considerado sem o ulterior. Ora, o matemático é an-

terior ao natural, que é na matéria e no movimento, pois se apresenta como acréscimo ao matemático, como se diz no livro III *Do céu e do mundo*. Portanto, a consideração matemática pode se dar sem a matéria e o movimento.

Resposta. É preciso dizer que, para o esclarecimento desta questão, é preciso ver como o intelecto pode abstrair de acordo com sua operação. Ora, é preciso saber que, de acordo com o Filósofo no livro III *Sobre a alma*, há uma dupla operação do intelecto: uma que é denominada inteligência dos indivisíveis pela qual conhece, de tudo, o que é; a outra, pela qual compõe e divide, a saber, formando um enunciado afirmativo ou negativo.

Estas duas operações correspondem a uma dupla que há nas coisas. A primeira operação visa à natureza da coisa, de acordo com a qual a coisa inteligida ocupa um certo grau entre os entes, quer seja uma coisa completa como um certo todo, quer uma coisa incompleta como uma parte ou um acidente. A segunda operação visa ao próprio ser da coisa que resulta da reunião dos princípios da coisa nos compostos ou acompanha a própria natureza simples da coisa como nas substâncias simples. E já que a verdade do intelecto provém do fato de que se conforma à coisa, é patente que, de acordo com esta segunda operação, o intelecto não pode verdadeiramente abstrair o que é reunido de acordo com a coisa; pois, ao abstrair, significar-se-ia haver uma separação de acordo com o próprio ser da coisa como, por exemplo, se abstraio ente humano de brancura, dizendo "o ente humano não é branco", significo que há uma separação na coisa. Donde, se de acordo com a coisa, ente humano e brancura não forem separados, o intelecto será falso. Portanto, através desta operação, o intelecto não pode verdadeiramente abstrair senão aquilo que é separado de acordo com a coisa, como quando se diz: "o ente humano não é o asno".

Mas, de acordo com a primeira operação, pode abstrair aquilo que, de acordo com a coisa, não é separado; não tudo, mas algo. Visto que toda coisa é inteligível na medida em que está em ato, como se diz no livro IX da *Metafísica*, é preciso que a própria natureza ou quididade da coisa seja inteligida, quer na medida em que é um certo ato, como acontece acerca das próprias formas e substâncias simples, quer na medida daquilo que é seu ato, assim como as substâncias compostas por meio de suas formas, quer na medida daquilo que está para ela no lugar do ato, assim como a matéria-prima por referência à forma e o vácuo pela privação do localizado. Isto é aquilo a partir do que toda natureza obtém sua determinação. Portanto, quando, a própria natureza, de acordo com aquilo pelo que é constituída a noção da natureza e pelo que a própria natureza é inteligida, comporta uma ordem e dependência em relação a algo de outro, então é certo que tal natureza não pode ser inteligida sem este outro; quer estejam unidos através da união pela qual a parte se une ao todo, assim como o pé não pode ser inteligido sem a intelecção do animal porque aquilo a partir do que o pé recebe a noção de pé depende daquilo a partir do que o animal é animal; quer estejam unidos do modo como a forma se une à matéria, como a parte à contraparte ou o acidente ao sujeito, assim como o arrebitado não pode ser inteligido sem o nariz; quer ainda sejam separados de acordo com a coisa, assim como o pai não pode ser inteligido sem a intelecção do filho, embora estas relações se encontrem em coisas diversas. Se, no entanto, um não depende do outro de acordo com o que constitui a noção da natureza, então um pode ser abstraído do outro pelo intelecto de modo a ser inteligido sem ele, não só se forem separados de acordo com a coisa, como o ente humano e a pedra, mas também se forem unidos de acordo com a coisa; quer pela conjunção pela qual a parte e o todo se unem, assim como a letra pode ser inteligida sem a sílaba, mas não o inverso e o animal sem o pé, mas não o inverso; quer ainda sejam unidos do modo pelo qual a forma se une à matéria e o acidente ao sujeito, assim como a brancura pode ser inteligida sem o ente humano e vice-versa.

Assim, portanto, o intelecto distingue um do outro, de diferentes maneiras, de acordo com as diversas operações, pois, de acordo com a operação pela qual compõe e divide, distingue um do outro pelo fato de que intelige que um não está no outro; porém, na operação pela qual intelige o que é cada qual, distingue um do outro na medida em que intelige o que é isto, nada inteligindo de outro, nem que seja com ele, nem que seja separado dele; daí, esta distinção não ter propriamente o nome de separação, mas apenas a primeira. Esta distinção é corretamente chamada de abstração, mas apenas quando aquilo que é inteligido sem o outro está junto com ele de acordo com a coisa. De fato, não se diz que o animal é abstraído da pedra se for inteligido sem a intelecção da pedra. Daí, não podendo haver abstração, propriamente falando, senão do unido no ser, de acordo com os dois modos de união supracitados, isto é, pelo qual a parte e o todo se unem ou a forma e a matéria, há uma dupla abstração, uma pela qual a forma é abstraída da matéria e a outra pela qual o todo é abstraído das partes.

Ora, a forma que pode ser abstraída de alguma matéria é aquela cuja noção da essência não depende de tal matéria;

mas, a forma não pode ser abstraída pelo intelecto daquela matéria da qual depende de acordo com a noção de sua essência; donde, como todos os acidentes se acrescentam à substância-sujeito como a forma à matéria e a noção de qualquer acidente depende da substância, é impossível que alguma forma deste tipo seja separada da substância. Mas, os acidentes sobrevêm à substância numa certa ordem: pois, primeiro, lhe advém a quantidade, depois a qualidade, depois as afecções e o movimento. Donde, a quantidade poder ser inteligida na matéria-sujeito antes que se inteligam nela as qualidades sensíveis pelas quais é denominada matéria sensível; deste modo, no que diz respeito à noção de sua substância, a quantidade não depende da matéria sensível, mas apenas da matéria inteligível. De fato, removidos os acidentes, a substância não permanece compreensível senão ao intelecto, pelo fato de que as potências sensíveis não alcançam até a compreensão da substância. A matemática, que considera as quantidades e o que acompanha as quantidades, como as figuras e assemelhados, trata destes abstratos.

Também o todo não pode ser abstraído de quaisquer partes. Há, de fato, algumas partes das quais a noção do todo depende, quer dizer, quando o ser para tal todo equivale a ser composto por tais partes, como a sílaba se porta para com as letras e o misto para com os elementos; tais partes, sem as quais o todo não pode ser inteligido, pois entram na sua definição, são chamadas de partes da espécie e da forma. Há, porém, certas partes que são acidentais ao todo enquanto tal, como o semicírculo se porta para com o círculo. De fato, é acidental ao círculo que se tomem dele, por divisão, duas partes iguais ou desiguais, ou mesmo em maior número; mas, não é acidental ao triângulo que nele se disponham três linhas, pois é por isto que o triângulo é triângulo. Do mesmo modo, também cabe por si ao ente humano que se encontrem nele uma alma racional e um corpo composto dos quatro elementos; daí, o ente humano não poder ser inteligido sem estas partes e ser preciso colocá-las em sua definição; donde, serem partes da espécie e da forma. No entanto, o dedo, o pé, a mão e outras partes semelhantes são posteriores à intelecção do ente humano; donde, a determinação essencial do ente humano não depender delas; assim, pode ser inteligido sem elas. De fato, quer tenha pés ou não, contanto que se dê um composto de alma racional e de corpo misto de elementos com a mistura própria, requerida por tal forma, será um ente humano. Estas partes que não entram na definição do todo, mas antes o contrário, são denominadas partes da matéria. Todas as partes indicadas, como por exemplo, esta alma, este corpo, esta unha, este osso e semelhantes, portam-se deste modo para com o ente humano. De fato, estas são efetivamente partes da essência de Sócrates e de Platão, não porém do ente humano na medida em que é ente humano; daí o ente humano poder ser abstraído pelo intelecto de tais partes e tal abstração é a do universal em relação ao particular.

Há, assim, duas abstrações do intelecto: uma corresponde à união da forma e da matéria ou do acidente e do sujeito; é a abstração da forma da matéria sensível; outra, que corresponde à união do todo e da parte; a esta corresponde a abstração do universal do particular que é a abstração do todo – na qual se considera de maneira absoluta alguma natureza de acordo com sua noção – de todas as partes que não são partes da espécie, mas são partes acidentais. Não se encontram, porém, abstrações opostas a estas, pelas quais a parte seja abstraída do todo ou a matéria da forma; pois, a parte, ou não pode ser abstraída do todo pelo intelecto, se for das partes da matéria em cuja definição entra o todo, ou então pode ser sem o todo, se for das partes da espécie, como a linha sem o triângulo ou a letra sem a sílaba ou o elemento sem o misto.

Ora, naquilo que pode ser dividido de acordo com o ser, antes tem lugar a separação do que a abstração. Igualmente, quando dizemos que a forma é abstraída da matéria, não se entende acerca da forma substancial porque a forma substancial e a matéria que lhe corresponde dependem uma da outra, de tal modo que uma não pode ser inteligida sem a outra, pelo fato de que o ato próprio se dá na matéria própria; entende-se, no entanto, acerca da forma acidental, que é a quantidade e a figura, da qual a matéria sensível não pode ser abstraída pelo intelecto, visto que as qualidades sensíveis não podem ser inteligidas se a quantidade não for pré-inteligida, como é patente no caso da superfície e da cor; nem se pode inteligir que há sujeito de movimento que não seja inteligido como quantificado. Mas, a substância, que é a matéria inteligível da quantidade, pode ser sem a quantidade; donde, considerar a substância sem a quantidade pertence antes ao gênero da separação do que ao da abstração.

Encontra-se, portanto, uma tríplice distinção na operação do intelecto: uma, de acordo com a operação do intelecto que compõe e divide, que é chamada propriamente de separação; esta compete à ciência divina ou metafísica; outra, de acordo com a operação pela qual são formadas as quididades das coisas, que é a abstração da forma da matéria sensível; esta compete à matemática; a terceira, de acordo com esta mesma operação, [que é a abstração] do universal do particular; esta compete à física e é comum a todas as ciências, porque em toda ciência deixa-se de lado o que é acidental e toma-se o que é por si. Alguns, como os pitagóricos e os platônicos, por não terem entendido a diferença das duas últimas em relação à primeira, caíram no erro, sustentando [entidades] matemáticas e universais separados dos sensíveis.

1 Ao primeiro argumento é preciso, portanto, dizer que o matemático, ao abstrair, não considera a coisa diferentemente de como é. De fato, não intelige que a linha é sem a matéria sensível, mas considera a linha e suas afecções sem consideração da matéria sensível; e assim, não há dissonância entre o intelecto e a coisa, pois, mesmo de acordo com a coisa, o que compete à natureza da linha não depende do que faz a matéria ser sensível, mas antes o contrário. Fica, assim, patente que "não há mentira para os que abstraem", como se diz no livro II da *Física*.

2 Ao segundo, é preciso dizer que é chamado de material, não apenas aquilo do qual a matéria é parte, mas também aquilo que tem ser na matéria. De acordo com o qual modo, a linha sensível pode ser chamada de algo material; donde, nem por isso, ficar impedido que a linha possa ser inteligida sem a matéria. De fato, a matéria sensível não se compara à linha como parte, mas antes como sujeito no qual tem o ser; ocorre de modo semelhante com a superfície e o corpo. De fato, o matemático não considera o corpo na medida em que a matéria e a forma são partes dele e está no gênero da substância, mas na medida em que, constituído pelas três dimensões, está no gênero da quantidade, comparando-se ao corpo que está no gênero da substância, do qual a matéria física é parte, assim como o acidente ao sujeito.

3 Ao terceiro, é preciso dizer que a matéria não é princípio de diversidade de acordo com o número senão na medida

em que, dividida em muitas partes e recebendo em cada uma das partes a forma, da mesma espécie constitui vários indivíduos da mesma noção. Ora, a matéria não pode ser dividida a não ser que se pressuponha a quantidade, que se for removida, toda substância permanece indivisível. Assim, a primeira determinação na diversificação do que é da mesma espécie se dá de acordo com a quantidade. O que cabe efetivamente à quantidade, na medida em que inclui na sua noção, como se fosse a diferença constitutiva, a posição, que nada mais é que a ordem das partes; donde, mesmo abstraída pelo intelecto a quantidade da matéria sensível, ainda tem cabimento imaginar diversos, de acordo com o número, de uma espécie, assim como vários triângulos equiláteros e várias linhas retas iguais.

4 Ao quarto, é preciso dizer que o que é de caráter matemático não abstrai de qualquer matéria, mas somente da matéria sensível. Ora, as partes da quantidade, a partir das quais a demonstração, feita de um certo modo a partir da causa material, parece feita, não são matéria sensível, mas pertencem à matéria inteligível, que se encontra também no que é de caráter matemático, como é patente no livro VII da *Metafísica*.

5 Ao quinto, é preciso dizer que o movimento de acordo com sua natureza não pertence ao gênero da quantidade, mas, por outra parte, participa de algo da natureza da quantidade, na medida em que a divisão do movimento é tomada, quer da divisão do espaço, quer da divisão do móvel; assim, não cabe ao matemático considerar o movimento, mas os princípios matemáticos podem ser aplicados ao movimento. Assim, na medida em que os princípios da quantidade são aplicados ao movimento, o estudioso da natureza considera a respeito da divisão e continuidade do movimento, como é patente no livro VI da *Física*; trata-se também das medidas dos movimen-

tos nas ciências intermediárias entre a matemática e a natural, como na ciência da esfera em movimento e na astronomia.

6 Ao sexto, é preciso dizer que o que é simples e suas propriedades se salva nos compostos, embora de outro modo, assim como as qualidades próprias dos elementos e os movimentos próprios deles se encontram no misto; mas, o que é próprio dos compostos não se encontra no que é simples. Daí, procede que, quanto mais alguma ciência é abstrata e considera algo mais simples, tanto mais seus princípios são aplicáveis às outras ciências. Donde, os princípios da matemática serem aplicáveis às coisas naturais, não porém o inverso; pelo que a física pressupõe a matemática, mas não o inverso, como é patente no livro III *Do céu e do mundo*. Daí, que se encontrem três ordens de ciências acerca das coisas naturais e matemáticas. De fato, algumas, que consideram as propriedades das coisas naturais, enquanto tais, são puramente naturais, como a física, a agricultura e similares. Algumas, que determinam acerca das quantidades de modo absoluto, como a geometria acerca da magnitude e a aritmética acerca do número, são puramente matemáticas. Algumas, porém, que aplicam os princípios matemáticos às coisas naturais, são intermediárias, como a música, a astronomia e similares. Estas são mais afins às matemáticas, pois, na sua consideração, o que é físico é como que material e o que é matemático é como que formal, assim como a música considera os sons, não na medida em que são sons, mas na medida em que são proporcionáveis de acordo com os números, e de modo semelhante nas demais; é por isso que demonstram suas conclusões acerca das coisas naturais, mas através de meios matemáticos. Assim, nada impede se considerem a matéria sensível, na medida em que comunicam com a ciência natural.

De fato, são abstratas, na medida em que comunicam com a matemática.

7 Ao sétimo, é preciso dizer que, visto as ciências intermediárias, de que se falou, comunicarem com a natural de acordo com o que na consideração delas é material, diferirem porém de acordo com o que na consideração delas é formal, nada impede que estas ciências tenham às vezes as mesmas conclusões com a natural; no entanto, não demonstram através do mesmo, a não ser na medida em que as ciências são interligadas e uma, às vezes, se serve do que é de outra, assim como o estudioso da natureza prova a redondeza da Terra a partir do movimento dos graves, mas o astrônomo através da consideração dos eclipses lunares.

8 Ao oitavo, é preciso dizer que, assim como o Comentador diz na mesma passagem, o Filósofo não tem aí a intenção de distinguir as ciências especulativas, pois o estudioso da natureza determina, acerca de qualquer móvel, quer seja corruptível, quer incorruptível; porém, o matemático enquanto tal não considera algo móvel. Tem, no entanto, a intenção de distinguir as coisas acerca das quais as ciências especulativas determinam, acerca das quais deve-se tratar separadamente e pela ordem, embora aqueles três gêneros de coisas possam ser apropriados às três ciências. De fato, os entes incorruptíveis e imóveis pertencem precisamente ao metafísico; mas, os entes móveis e incorruptíveis, por causa de sua uniformidade e regularidade, podem ser determinados no que se refere a seus movimentos, pelos princípios matemáticos, o que não pode se dizer dos móveis corruptíveis. Por isso, o segundo gênero de entes é atribuído à matemática em razão da astronomia; o terceiro, porém, permanece próprio à ciência natural apenas. É assim que se exprime Ptolomeu.

Artigo quarto

Quanto ao quarto, argumenta-se da seguinte maneira: parece que a ciência divina não trata das coisas separadas do movimento e da matéria. De fato, a ciência divina parece se ocupar sobretudo de Deus. Ora, não podemos chegar ao conhecimento de Deus senão pelos efeitos visíveis, que estão estabelecidos na matéria e no movimento, de acordo com Romanos 1, 20: "De fato, o que é invisível dele" etc. Portanto, a ciência divina não abstrai da matéria e do movimento.

2 Ademais. Aquilo ao qual compete, de algum modo, o movimento, não está inteiramente separado do movimento e da matéria. Ora, o movimento compete, de algum modo, a Deus; daí, ser dito em Sabedoria 7, 22 e 24 a respeito do espírito da sabedoria que é "móvel" e "mais móvel que todos os móveis" e Agostinho diz no livro VIII *Sobre o Gênesis* que Deus "se move sem tempo nem lugar" e Platão sustentou que o primeiro movente move-se a si mesmo. Portanto, a ciência divina, que determina acerca de Deus, não está inteiramente separada do movimento.

3 Ademais. A ciência divina tem de considerar não apenas acerca de Deus, mas também acerca dos anjos. Ora, os anjos se movem, quer de acordo com a escolha, pois de bons se tornaram maus, quer de acordo com o lugar, como é patente naqueles que são enviados. Portanto, aquilo acerca de que a ciência divina considera não está inteiramente separado do movimento.

4 Ademais. Como o Comentador parece dizer no princípio da *Física*, tudo o que é, ou é pura matéria, ou forma pura, ou composto de matéria e forma. Ora, o anjo não é forma pura, pois assim seria ato puro, o que só cabe a Deus; nem é

também matéria pura; portanto, é composto de matéria e forma. Assim, a ciência divina não abstrai da matéria.

5 Ademais. A ciência divina, que é considerada como a terceira parte da filosofia especulativa, é o mesmo que a metafísica, cujo sujeito é o ente e principalmente o ente que é a substância, como é patente no livro IV da *Metafísica*. Ora, o ente e a substância não abstraem da matéria, do contrário não se encontraria nenhum ente que tivesse matéria. Portanto, a ciência divina não faz abstração da matéria.

6 Ademais. De acordo com o Filósofo no livro I dos *Segundos Analíticos*, cabe à ciência considerar não apenas o sujeito, mas as partes e afecções do sujeito. Ora, o ente é o sujeito da ciência divina, como foi dito; portanto, cabe-lhe considerar a respeito de todos os entes. Ora, a matéria e o movimento são certos entes. Portanto, cabem à consideração da metafísica, e assim, a ciência divina não abstrai deles.

7 Ademais. Como diz o Comentador no livro I da *Física*, a ciência divina demonstra pelas três causas, isto é, a eficiente, a formal e a final. Ora a causa eficiente não pode ser considerada sem a consideração do movimento, nem, de modo semelhante, o fim, como se diz no livro III da *Metafísica*; donde, não se dar nenhuma demonstração por tais causas no que é de caráter matemático, pelo fato de que é imóvel. Portanto, a ciência divina não abstrai do movimento.

8 Ademais. Na teologia determina-se acerca da criação do céu e da Terra, dos atos dos entes humanos e de muito mais deste tipo, que contêm em si matéria e movimento. Não parece, portanto, que a teologia abstrai da matéria e do movimento.

Em sentido contrário está que o Filósofo diz no livro VI da *Metafísica* que a "filosofia primeira se ocupa do que é separável", quer dizer, da matéria, "e imóvel". Ora, a filosofia primeira é a ciência divina, como se diz no mesmo lugar. Portanto, a ciência divina é abstraída da matéria e do movimento.

2 Ademais. A ciência nobilíssima ocupa-se dos entes nobilíssimos. Ora, a ciência divina é nobilíssima. Como, pois, os entes imateriais e imóveis são nobilíssimos, a ciência divina se ocupará deles.

3 Ademais. O Filósofo diz no princípio da *Metafísica* que a ciência divina se ocupa dos primeiros princípios e causas. Ora, estes são imateriais e imóveis. Portanto, a ciência divina se ocupa de algo deste tipo.

Resposta. É preciso dizer, que para o esclarecimento desta questão é necessário saber qual ciência deve ser chamada de ciência divina. Ora, é preciso saber, que qualquer ciência que considera algum gênero-sujeito, é necessário que considere os princípios deste gênero, pois a ciência não se perfaz senão pelo conhecimento dos princípios, como é patente pelo Filósofo no princípio da *Física*. Ora, há dois gêneros de princípios. De fato, há alguns que, tanto são em si mesmos certas naturezas completas como não menos são princípios de outros, como os corpos celestes são certos princípios dos corpos inferiores e os corpos simples, dos corpos mistos; desse modo, estes não são considerados somente nas ciências na medida em que são princípios, mas também na medida em que são certas coisas em si mesmos. Por isso, não se trata deles somente na ciência que considera aquilo que é principiado, mas também têm por si uma ciência separada, assim como uma certa parte da ciência natural, distinta daquela em que se determina acerca dos corpos inferiores, trata dos corpos celestes, e distinta daquela na qual se trata dos corpos mistos, uma acerca dos elementos. Há, porém, certos princípios que não são em si mesmos naturezas completas, mas somente princípios de naturezas; assim como a unidade do número, o ponto da linha e a forma e a matéria do corpo físico; donde, princípios deste tipo não serem tratados senão na ciência em que se trata do que é principiado.

No entanto, assim como há certos princípios comuns de cada gênero determinado, que se estendem a todos os princípios daquele gênero, assim também todos os entes, na medida em que se reúnem no ente, têm certos princípios que são princípios de todos os entes. Ora, estes princípios podem ser chamados de comuns de dois modos, de acordo com Avicena na sua *Suficiência*. De um modo, por predicação, como se digo o seguinte: "a forma é comum a todas as formas", porque predica-se de qualquer delas. De outro modo, por causalidade, assim como dizemos que o Sol, numericamente uno, é princípio para tudo que pode ser gerado. Ora, há princípios comuns de todos os entes, não somente de acordo com o primeiro modo – o que o Filósofo denomina no livro XI da *Metafísica*, como "todos os entes terem os mesmos princípios de acordo com a analogia" –, mas também de acordo com o segundo modo, de tal maneira que haja certas coisas numericamente as mesmas, que se apresentam como princípios de todas as coisas, na medida em que os princípios dos acidentes se reduzem aos princípios da substância, os princípios das substâncias corruptíveis se reduzem às substâncias incorruptíveis; e assim, todos os entes se reduzem, por meio de certa gradação e ordem, a certos princípios. E, visto ser preciso que aquilo que é o princípio de ser para tudo seja ente ao máximo, como se diz no livro II da *Metafísica*, assim é preciso que tais princípios sejam perfeitíssimos; por isso, é preciso que estejam em ato ao máximo, de tal modo que não tenham nada ou apenas o mínimo de potência, pois o ato é anterior à potência e mais potente que esta, como se diz no livro IX da *Metafísica*; por isso, é preciso que eles sejam sem matéria, que é em potência, e sem movimento, que é o ato do que se apresenta em potência. Deste tipo são as coisas divinas, "pois, se o divino se apresenta em alguma parte, em tal natureza" imaterial e imóvel "apresenta-se" ao máximo, como se diz no livro VI da *Metafísica*. Portanto, tais coisas divinas, visto serem princípios de todos os entes, e não obstante, serem em si naturezas completas, podem ser tratadas de dois modos: de um modo, na medida em que são princípios comuns de todos os entes; de outro modo, na medida em que são em si certas coisas.

Ora, visto que, embora tais princípios primeiros sejam em si conhecidos ao máximo, nosso intelecto se porta para com eles como o olho da coruja para com a luz do Sol, como se diz no livro II da *Metafísica*, não podemos chegar a eles, pela luz da razão natural, senão na medida em que somos conduzidos a eles pelos efeitos. Os filósofos chegaram a eles deste modo, o que é patente em Romanos 1, 20: "O que é invisível de Deus, é divisado pela intelecção do que foi feito"; daí também, tais coisas divinas não serem tratadas pelos filósofos, senão na medida em que são princípios de todas as coisas; assim, são tratadas naquela doutrina na qual está contido tudo que é comum a todos os entes, que tem por sujeito o ente na medida em que é ente. Esta ciência é chamada entre eles ciência divina. Há, no entanto, outro modo de conhecer tais coisas, não na medida em que são manifestadas pelos efeitos, mas na medida em que elas próprias se manifestam a si mesmas. O Apóstolo apresenta este modo em I Coríntios 2, 11 ss.: "O que é de Deus, ninguém conheceu senão o Espírito de Deus.

Nós, porém, recebemos, não o espírito deste mundo, mas o Espírito que provém de Deus, para que conheçamos"; e no mesmo lugar: "A nós, porém, Deus revelou pelo seu Espírito". Deste modo, são tratadas as coisas divinas, na medida em que subsistem em si mesmas e não somente na medida em que são princípios das coisas.

Há, portanto, uma dupla teologia ou ciência divina: uma, na qual as coisas divinas são consideradas não como sujeito de ciência, mas como princípios do sujeito e tal é a teologia que os filósofos expõem e que, com outro nome, é chamada de metafísica; outra, que considera as próprias coisas divinas por si mesmas, como sujeito de ciência e esta é a teologia que é transmitida na Sagrada Escritura. Ambas tratam do que é separado da matéria e do movimento no que respeita ao ser, mas diversamente, na medida em que algo pode estar separado da matéria e do movimento no que respeita ao ser, de dois modos: de um modo, de maneira que caiba à noção da própria coisa que é chamada de separada não poder ser de maneira nenhuma na matéria e no movimento, assim como Deus e os anjos são denominados separados da matéria e do movimento; de outro modo, de maneira que não caiba à sua noção o ser na matéria e no movimento, mas possa ser sem matéria e movimento, embora às vezes se encontre na matéria e no movimento e, deste modo, o ente, a substância, a potência e o ato são separados da matéria e do movimento, pois, no que respeita ao ser, não dependem da matéria e do movimento, como o que é de caráter matemático dependia, o qual não pode ser nunca, a não ser na matéria, embora possa ser inteligido sem a matéria sensível. Portanto, a teologia filosófica determina acerca do que é separado, do segundo modo, como acerca dos sujeitos, mas do separado, do primeiro modo, como acerca dos princípios do sujeito; a teologia da Sagrada Escritura, porém, trata do que é separado, do primeiro modo, como acerca dos sujeitos, embora nela seja tratado algo que é na matéria e no movimento, na medida em que a manifestação das coisas divinas o requer.

1 Ao primeiro argumento é preciso, portanto, dizer que aquilo que não é assumido numa ciência a não ser para manifestação de outro não pertence por si a esta ciência, mas como que acidentalmente; de fato, algo de matemático é assim assumido nas [ciências] naturais e, deste modo, nada impede que na ciência divina haja algo que é na matéria e no movimento.

2 Ao segundo, é preciso dizer que mover-se não se atribui propriamente a Deus, mas como que metaforicamente, e isto de dois modos. De um modo, na medida em que a operação do intelecto ou da vontade é chamada impropriamente de movimento; de acordo com isto, diz-se que alguém move a si mesmo quando se inteligE ou se ama; deste modo pode verificar-se o dito de Platão que disse que o primeiro motor move-se a si mesmo, pois se inteligE e se ama, como o Comentador diz no livro VIII da *Física*. De outro modo, na medida em que o próprio fluxo do causado a partir de suas causas pode ser chamado de procESSão ou de um certo movimento da causa no causado, na medida em que no próprio efeito é deixada a semelhança da causa, e assim, a causa que antes era em si mesma, depois vem a ser no efeito pela sua semelhança; deste modo, diz-se que Deus, que comunicou sua semelhança a todas as criaturas, quanto a algo, move-se por tudo ou procede em tudo. Modo de falar do qual Dionísio se serve frequentemente. Também de acordo com este modo parece que se en-

tende o que é dito em Sabedoria 7, 24; 8, 1, isto é, que "a sabedoria é o mais móvel de todos os móveis" e que "atinge com força de um extremo até outro". Isto, porém, não é propriamente mover-se; e assim, a razão não se segue.

3 Ao terceiro, é preciso dizer que a ciência divina, que é recebida por inspiração divina, não trata dos anjos como de seu sujeito, mas somente como daquilo que é assumido para manifestação do sujeito. Pois, trata-se dos anjos na Sagrada Escritura do modo como também das demais criaturas. Mas, na ciência divina, que os filósofos transmitem, considera-se a respeito dos anjos, que chamam de inteligências, pela mesma razão que a respeito da causa primeira, que é Deus, na medida em que eles também são princípios segundos das coisas, ao menos pelo movimento do orbes. Aos quais, de fato, nenhum movimento físico pode acontecer; quanto ao movimento que se dá de acordo com a escolha, reduz-se àquele movimento pelo qual o ato do intelecto ou da vontade é chamado de movimento, o que é dito impropriamente, tomando-se movimento por operação; também o movimento pelo qual são ditos moverem-se de acordo com o lugar, não se dá de acordo com a circunscrição local, mas de acordo com a operação que exercem neste ou naquele lugar, ou de acordo com alguma outra referência que têm para com o lugar, completamente equívoca com a referência que o corpo localizado tem com o lugar. Assim, é claro que o movimento não lhes cabe do mesmo modo como o que é de caráter natural é dito estar em movimento.

4 Ao quarto, é preciso dizer que o ato e a potência são mais comuns do que a matéria e a forma; assim, embora não se encontre composição de matéria e forma nos anjos, é possível encontrar-se neles potência e ato. De fato, a matéria e a

forma são partes do composto de matéria e forma, e assim, encontra-se a composição de matéria e forma apenas naquilo cuja parte está para com a outra como a potência para o ato. Ora, o que pode ser, pode também não ser; assim, é possível encontrar-se uma parte com a outra e sem a outra, e assim, de acordo com o Comentador no livro I *Do céu e do mundo* e no VIII da *Metafísica*, não se encontra a composição de matéria e forma senão no que é por natureza corruptível. Nem obsta que algum acidente se conserve perpetuamente em algum sujeito, como a figura no céu, visto que é impossível o corpo celeste ser sem tal figura; pois a figura e todos os acidentes seguem-se à substância como causa, e assim, o sujeito está para os acidentes, não somente como potência passiva, mas também, de um certo modo, como potência ativa; e assim, alguns acidentes perpetuam-se naturalmente nos seus sujeitos. Ora, a matéria não é a causa da forma deste modo; assim, toda matéria que está sob alguma forma, pode também não estar, a não ser que, acaso, seja conservada por causa extrínseca; assim como sustentamos que, pela virtude divina alguns corpos, mesmo compostos de contrários, são incorruptíveis, como os corpos dos ressuscitados. Ora, a essência dos anjos, de acordo com sua natureza, é incorruptível, e assim, não há nela composição de matéria e forma; mas, como o anjo não tem ser por si mesmo, está assim em potência para o ser que recebe de Deus, e assim, o ser recebido de Deus compara-se à sua essência simples como o ato à potência. Isto é o que é dito quando se diz que são compostos de "o que é" e "pelo que é" de modo que o próprio ser seja entendido como "pelo que é", ao passo que a própria natureza seja entendida como "o que é". No entanto, se os anjos fossem compostos de matéria e forma, não o seriam de matéria sensível, da qual é preciso que tanto o que é de caráter matemático seja abstraído como o que é de caráter metafísico separado.

5 Ao quinto, é preciso dizer que o ente e a substância são ditos separados da matéria e do movimento, não pelo fato de que caiba à noção deles ser sem matéria e movimento, como cabe à noção do asno ser sem razão, mas pelo fato de que não cabe à noção deles ser na matéria e no movimento, embora às vezes sejam na matéria e no movimento, como o animal abstrai da razão, embora algum animal seja racional.

6 Ao sexto, é preciso dizer que o metafísico considera também acerca dos entes singulares, não de acordo com suas noções próprias, pelas quais são tal ou tal ente, mas na medida em que participam da noção comum do ente, e assim, a matéria e o movimento competem também à sua consideração.

7 Ao sétimo, é preciso dizer que agir e sofrer não competem aos entes na medida em que estão no pensamento, mas na medida em que estão no ser; ora, o matemático considera coisas abstraídas apenas de acordo com o pensamento; assim, a estas coisas, na medida em que caem na consideração do matemático, não compete que sejam princípio e fim de movimento, e assim, o matemático não demonstra pelas causas eficiente e final. Mas, as coisas que o estudioso da ciência divina considera são existentes de modo separado na natureza das coisas, de modo que podem ser princípio e fim do movimento; daí, nada impedir que ele demonstre pelas causas eficiente e final.

8 Ao oitavo, é preciso dizer, que assim como a fé, que é como que o hábito dos princípios da teologia, tem por objeto a própria verdade primeira e, no entanto, algo a mais pertinente às criaturas está contido nos artigos de fé, na medida

em que, de algum modo, tocam a verdade primeira, do mesmo modo a teologia trata principalmente de Deus como seu sujeito; assume, no entanto, muito acerca das criaturas, como efeitos dele ou como tendo, de algum modo, referência a ele.

Questão 6

Em seguida pergunta-se acerca dos modos de proceder que atribui às ciências especulativas. Acerca disto há quatro perguntas: primeiro, se é conveniente aplicar-se raciocinativamente aos assuntos naturais, disciplinativamente aos assuntos matemáticos e intelectivamente aos assuntos teológicos; segundo, se a imaginação deve ser totalmente abandonada nos assuntos teológicos; terceiro, se o nosso intelecto pode contemplar a própria forma divina; quarto, se isto pode se dar por via de alguma ciência especulativa.

Artigo primeiro

Quanto ao primeiro, argumenta-se da seguinte maneira: parece que não é conveniente aplicar-se raciocinativamente aos assuntos naturais. De fato, a filosofia racional se contradistingue da natural. Ora, proceder raciocinativamente parece que cabe propriamente à racional. Logo, não se atribui competentemente à natural.

2 Ademais. O Filósofo distingue frequentemente no livro da *Física* os procedimentos em vista de conclusões racionais e

físicas. Logo, não é próprio da ciência natural proceder raciocinativamente.

3 Ademais. O que é comum a todas as ciências não deve ser apropriado a uma. Ora, qualquer ciência procede raciocinando, discorrendo, quer dos efeitos para as causas, quer das causas para os efeitos, quer a partir de alguns sinais. Logo, não deve ser apropriado à natural.

4 Ademais. No livro VI da *Ética* o racionativo é contradistinguido do científico pelo Filósofo. Ora, a filosofia natural faz parte do científico. Logo, não se lhe atribui convenientemente o proceder raciocinativamente.

Em sentido contrário está que é dito no livro *Sobre o espírito e a alma* que a razão se ocupa com as formas dos corpos. Ora, considerar os corpos cabe sobretudo à ciência natural. Logo, atribui-se-lhe convenientemente o proceder raciocinativamente.

2 Ademais. No livro V *Sobre a consolação da filosofia*, Boécio diz: "A razão quando contempla algo universal, não se servindo nem da imaginação nem dos sentidos, compreende, no entanto, o imaginável e o sensível". Ora, compreender o imaginável e o sensível cabe apenas ao filósofo natural. Logo, o processo racional é convenientemente atribuído à filosofia natural.

Além disso, parece que se diz inadequadamente que a matemática procede disciplinativamente. De fato, a disciplina nada mais parece ser que a recepção da ciência. Ora, em qualquer parte da filosofia recebe-se a ciência; pois, todas procedem demonstrativamente. Logo, proceder disciplinativamente é comum a todas as partes da filosofia, e assim, não deve apropriar-se à matemática.

2 Ademais. Quanto mais certo é algo, tanto mais fácil parece que haja uma disciplina a seu respeito. Ora, ao que parece, os assuntos naturais são mais certos do que os assuntos matemáticos; pois, são apreendidos pelos sentidos, a partir dos quais todo nosso conhecimento tem origem. Logo, este modo de proceder cabe mais ao filósofo natural do que ao matemático.

3 Ademais. Como se diz no livro V da *Metafísica*, o começo nas ciências é aquilo a partir do que se torna mais fácil a disciplina. Ora, o começo do aprendizado é recebido da lógica, que é preciso aprender antes da matemática e de tudo o mais. Logo, o modo disciplinar compete mais à lógica do que às outras ciências.

4 Ademais. O modo de proceder da ciência natural e da divina é tomado das potências da alma, isto é, da razão e do intelecto. Logo, o modo de proceder da matemática também deveria ser tomado, de modo semelhante, de alguma potência da alma, e assim, não se sustenta adequadamente que seu modo de proceder desenvolve-se disciplinativamente.

Em sentido contrário. Proceder disciplinativamente é proceder demonstrativamente através da certeza. Ora, como Ptolomeu diz no princípio do *Almagesto*, "somente o gênero matemático, se alguém dedicar-lhe a diligência da pesquisa, dará aos pesquisadores o conhecimento e certeza firme e estável como através de demonstração feita por vias indubitáveis". Logo, proceder disciplinativamente é próprio sobretudo do matemático.

2 Ademais. Isto é patente pelo Filósofo, que em vários lugares de seus livros chama as ciências matemáticas de disciplinas.

Além disso, parece que proceder intelectivamente não é o modo adequado à ciência divina. Com efeito, de acordo com o Filósofo, o intelecto refere-se aos princípios e a ciência, às conclusões. Ora, nem tudo que é ensinado na ciência divina são princípios, mas também algumas conclusões. Logo, proceder intelectivamente não é adequado à ciência divina.

2 Ademais. Naquilo que excede todo intelecto, não podemos aplicar-nos intelectivamente. Ora, o divino excede todo intelecto, como Dionísio diz no capítulo 1º *Sobre os nomes divinos* e o Filósofo no livro *Sobre as causas*. Logo, não pode ser tratado intelectivamente.

3 Ademais. Dionísio diz no capítulo 7º *Sobre os nomes divinos* que os anjos têm a virtude intelectual, na medida em que não recolhem o conhecimento divino dos sentidos ou das coisas divididas. Ora, isto está acima do poder da alma, como se acrescenta no mesmo lugar. Logo, como a ciência divina de que se trata agora é ciência da alma humana, parece que seu modo próprio não é tratar intelectivamente.

4 Ademais. A teologia parece ocupar-se sobretudo do que é de fé. Ora, no que é de fé, o inteligir é o fim. Donde, dizer-se em Isaías 7,9 de acordo com outra versão: "Se não crerdes, não entendereis". Logo, não deve ser sustentado que o aplicar-se intelectivamente acerca do divino é o modo de proceder da teologia, mas o fim.

Em sentido contrário está que se diz no livro *Sobre o espírito e a alma* que o intelecto se ocupa dos espíritos criados e a inteligência do próprio Deus. Ora, é principalmente destes que se ocupa a ciência divina. Logo, proceder intelectivamente parece ser próprio dela.

2 Ademais. O modo de proceder da ciência deve corresponder à matéria. Ora, as coisas divinas são coisas inteligíveis

por si mesmas. Logo, proceder intelectivamente é o modo adequado à ciência divina.

Resposta. É preciso dizer. Em relação à primeira pergunta, que algum procedimento, pelo qual se procede nas ciências, é dito raciocinativo de três modos. De um primeiro modo, por parte dos princípios, a partir dos quais se procede, como quando alguém procede à prova de algo a partir das obras da razão, tais como o gênero, a espécie, o oposto e intenções semelhantes que os lógicos consideram; assim, algum procedimento será chamado de raciocinativo, quando alguém se serve em alguma ciência das proposições ensinadas na lógica, isto é, na medida que nos servimos da lógica nas outras ciências, na medida em que esta é uma doutrina. Ora, este modo de proceder não pode caber como próprio a alguma ciência particular, nas quais ocorre erro, a não ser que se argumente a partir do que lhes é próprio. Acontece, porém, que isto se faça de modo próprio e adequado na lógica e na metafísica, pelo fato de que ambas são ciências gerais e se ocupam, de um certo modo, do mesmo sujeito.

Um procedimento é dito racional, de outro modo, a partir do termo no qual se detém no procedimento. Com efeito, o termo último, ao qual a investigação da razão deve conduzir, é a intelecção dos princípios, pelos quais julgamos, através da resolução neles; o que, quando acontece, não é dito procedimento ou prova raciocinativo, mas demonstrativo. Às vezes, porém, a investigação da razão não pode conduzir até o termo supracitado, mas se detém na própria investigação, isto é, quando ainda resta ao investigador caminho em direções distintas; isto acontece quando se procede por meio de razões prováveis, que, por natureza, produzem opinião ou fé e não ciência; neste sentido, o procedimento raciocinativo se contradistingue do demonstrativo. Deste modo, pode se proceder raciocinativamente em qualquer ciência, de tal maneira que a partir de argumentos prováveis se prepare o caminho para os argumentos necessários; este é um outro modo pelo qual utilizamos a lógica nas ciências demonstrativas, não na medida em que esta é uma doutrina, mas na medida em que é instrumental. Destes dois modos, um procedimento é denominado racional a partir da ciência racional; pois, é destes modos que a lógica (denominada ciência racional) é utilizada nas ciências demonstrativas, como diz o Comentador no livro I da *Física*.

Algum procedimento é dito racional, de um terceiro modo, a partir da potência racional, isto é, na medida em que, no próprio procedimento, seguimos o modo próprio da alma racional no conhecer; é assim que o procedimento raciocinativo é próprio da ciência natural. Com efeito, a ciência natural guarda nos seus procedimentos o modo próprio da alma racional quanto ao seguinte. Primeiro, quanto ao fato de que, assim como a alma racional recebe o conhecimento dos inteligíveis (que são mais conhecidos de acordo com a natureza) a partir dos sensíveis (que são mais conhecidos quanto a nós), também a ciência natural procede a partir do que é mais conhecido quanto a nós e menos conhecido de acordo com a natureza, como é patente no livro I da *Física*; e a demonstração que se realiza pelo sinal ou pelo efeito é utilizada sobretudo na ciência natural. Segundo, porque como cabe à razão discorrer de um para o outro, isto se observa sobretudo na ciência natural, onde, a partir do conhecimento de uma coisa, chega-se ao conhecimento de outra, assim como a partir do conhecimento do efeito ao conhecimento da causa. E não se passa apenas de um a outro de acordo com a noção, mas que não é outro de acordo com a coisa, assim como se, a partir de animal se passa a homem. De fato, nas ciências matemáticas procede-se apenas pelo que pertence à essência da coisa, visto demonstrarem apenas pela causa formal; por isso, não se demonstra nelas algo de uma coisa por outra coisa, mas pela definição própria daquela coisa. Com efeito, embora se deem algumas demonstrações a respeito do círculo a partir do triângulo ou reciprocamente, isto não se dá senão na medida em que o triângulo está em potência no círculo e reciprocamente. Ora, na ciência natural, na qual se faz demonstração pelas causas extrínsecas, prova-se algo de uma coisa por outra coisa totalmente extrínseca; assim, observa-se o método da razão sobretudo na ciência natural e, por isso, a ciência natural é, entre as demais, a que é mais conforme com o intelecto do ente humano.

Atribui-se, portanto, o proceder raciocinativamente à ciência natural, não porque seja adequado somente a ela, mas porque lhe cabe principalmente.

1 Ao primeiro argumento é preciso, portanto, dizer que esta razão procede em relação ao procedimento que é dito raciocinativo de acordo com o primeiro modo. Com efeito, deste modo o procedimento raciocinativo é próprio à ciência racional e à divina, não porém à natural.

2 Ao segundo, é preciso dizer que esta razão procede em relação ao procedimento que é dito raciocinativo do segundo modo.

3 Ao terceiro, é preciso dizer que em todas as ciências guarda-se o modo da razão quanto ao fato de que se procede de um para outro de acordo com a noção, não porém que se

proceda de uma coisa para outra; isto é próprio da ciência natural, como foi dito.

4 Ao quarto, é preciso dizer que o Filósofo nesta passagem sustenta como sendo o mesmo o raciocinativo e o opinativo; donde, ser patente que pertence ao segundo modo indicado; no mesmo lugar, o Filósofo atribui ao raciocinativo ou opinativo o que pode ser realizado pela ação humana, de que se ocupa a ciência moral, em razão de sua contingência. Donde, se pode coligir do que foi dito que o primeiro modo de raciocinatividade é próprio sobretudo à ciência racional, o segundo à ciência moral e o terceiro à ciência natural.

À segunda questão é preciso dizer que proceder disciplinativamente é atribuído à ciência matemática, não porque somente ela proceda disciplinativamente, mas porque isto lhe cabe principalmente. Com efeito, como aprender nada mais é do que receber a ciência de outrem, então se diz que procedemos disciplinativamente quando nosso procedimento conduz ao conhecimento certo que é chamado de ciência; o que acontece sobretudo nas ciências matemáticas. Pois, como a matemática é intermediária entre a natural e a divina, ela própria é mais certa que ambas. Que a natural, pelo fato de que sua consideração é desligada do movimento e da matéria, ao passo que a consideração da natural situa-se na matéria e no movimento. Ora, pelo fato de que a consideração da natural diz respeito à matéria, seu conhecimento depende de vários, a saber da consideração da própria matéria e da forma, das disposições materiais e das propriedades que se seguem à forma na matéria; ora, onde quer que seja preciso considerar vários para se conhecer algo, o conhecimento é mais difícil, donde se dizer no livro I dos *Segundos Analíticos* que a ciência "que implica um acréscimo, como a geometria em relação à aritmética" é menos certa. Mas, pelo fato de que sua consideração diz respeito às coisas móveis, que não se portam de maneira uniforme, seu conhecimento é menos firme; pois, suas demonstrações são procedentes frequentemente, como na maior parte, pelo fato de que acontece às vezes de aquelas portarem-se diferentemente. Por isso também, quanto mais alguma ciência se aproxima dos singulares, como as ciências operativas (como a medicina, a alquimia e a moral), menos podem ter de certeza por causa da multidão do que precisa ser considerado em tais ciências (a omissão de não importa o que acarreta um erro) e por causa da variabilidade disso.

O procedimento da matemática é também mais certo que o procedimento da ciência divina; porque aquilo de que trata a ciência divina é mais afastado do sensível, a partir do qual o nosso conhecimento tem começo, tanto no que diz respeito às substâncias separadas a cujo conhecimento o que recebemos do sensível conduz insuficientemente, como no que diz respeito ao que é comum a todos os entes, que são universais ao máximo e, portanto, afastados ao máximo dos particulares, que se apresentam aos sentidos. O que é de ordem matemática, porém, apresenta-se ao sentido e está subordinado à imaginação, como a figura, a linha, o número e similares; por isso, o intelecto humano, que recebe das imagens, capta com mais facilidade e certeza o conhecimento disto do que de alguma inteligência ou mesmo do que a quididade da substância, o ato, e a potência e similares. É, assim, patente que a consideração matemática é mais fácil e certa do que a natural e a teológica e muito mais do que as outras ciências operativas; por isso, se diz que sobretudo ela procede disciplinativamente. Isto é o que Ptolomeu diz no princípio do *Almagesto*:

"Chamam-se os outros dois gêneros de teoria, antes de opinião do que de concepção científica: o teológico por causa de sua obscuridade e incompreensibilidade; o físico por causa da instabilidade e obscuridade da matéria; somente o gênero matemático de investigação dará aos pesquisadores uma certeza firme e estável como de fato, através de demonstração feita por vias indubitáveis".

1 Ao primeiro argumento é preciso, portanto, dizer que, embora em qualquer ciência haja aprendizado da disciplina, isto se dá com mais facilidade e certeza na matemática, como foi dito.

2 Ao segundo, é preciso dizer que, embora o que é natural esteja subordinado ao sentido, por causa de sua mutabilidade não é dotado de grande certeza, quando se dá fora do sentido, como o é o que é de ordem matemática, que é sem movimento e, no entanto, está na matéria sensível de acordo com o ser, e assim, pode apresentar-se ao sentido e à imaginação.

3 Ao terceiro, é preciso dizer que no aprendizado começamos pelo que é mais fácil, a não ser que a necessidade exija diversamente. De fato, às vezes é necessário começar o aprendizado, não pelo que é mais fácil, mas por aquilo de cujo conhecimento depende o conhecimento do que se segue. Por esta razão, é preciso começar o aprendizado pela lógica, não porque ela seja mais fácil do que as outras ciências, pois, apresenta dificuldade máxima visto que trata do inteligido de segunda ordem, mas porque as outras ciências dependem dela, na medida em que ela ensina o modo de proceder em todas as ciências; ora, como se diz no livro II da *Metafísica*, é preciso conhecer, primeiro que a própria ciência, o modo de proceder da ciência.

4 Ao quarto, é preciso dizer que o modo de proceder das ciências é tirado das potências da alma por causa do modo de proceder de que são dotadas as potências da alma na ação; donde, os modos de proceder das ciências não corresponderem às potências da alma, mas aos modos pelos quais as potências da alma podem proceder, que se diversificam, não apenas de acordo com as potências, mas também de acordo com os objetos; assim, não é necessário que o modo de proceder de não importa qual ciência seja denominado a partir de alguma potência da alma. No entanto, pode se dizer que, assim como o modo de proceder da física é tirado da razão, na medida em que esta recebe do sentido e o modo de proceder da ciência divina do intelecto, na medida em que este considera algo pura e simplesmente, assim também o modo de proceder da matemática pode ser tirado da razão, na medida em que esta recebe da imaginação.

À terceira questão é preciso dizer que, assim como se atribui o proceder raciocinativamente à filosofia natural porque sobretudo nela se observa o modo da razão, assim também atribui-se o proceder intelectivamente à ciência divina porque sobretudo nela se observa o modo do intelecto. Ora, a razão difere do intelecto assim como a multidão da unidade; donde, Boécio dizer no livro IV *Sobre a consolação da filosofia* que a razão e o intelecto, o tempo e a eternidade, bem como o círculo e o centro se relacionam de modo semelhante. Com efeito, é próprio da razão estender-se a muitos para deles recolher um conhecimento simples. Donde, Dionísio dizer no capítulo 7º *Sobre os nomes divinos* que as almas são dotadas de racionalidade na medida em que extensivamente rodeiam a verdade dos existentes, e nisto são inferiores aos anjos; mas, na medida em que congregam muitos em um, de certo modo se equiparam aos anjos. Os intelectos, porém, consideram, ao contrário, por primeiro a verdade una e simples e captam nela o conhecimento de toda a multidão, assim como Deus, inteligindo a sua essência, conhece tudo; donde, Dionísio dizer, no mesmo lugar, que as mentes angélicas são dotadas de intelectualidade, na medida em que "inteligem de maneira uniforme o que é inteligível do divino". Assim, portanto, é patente que a consideração racional termina na intelectual de acordo com a via de resolução, na medida em que a razão recolhe a verdade una e simples a partir de muitos; reciprocamente, a consideração intelectual é o princípio da racional de acordo com a via de composição ou de invenção, na medida em que o intelecto abarca a multidão em um. Portanto, a consideração que é o término de todo o raciocínio humano é por excelência consideração intelectual.

Ora, toda a consideração da razão na via de resolução em todas as ciências termina na consideração da ciência divina. De fato, a razão, como foi dito anteriormente, procede, às vezes de um ao outro de acordo com a coisa, como quando se trata de uma demonstração pelas causas ou efeitos extrínsecos; por composição, quando se procede das causas, para os efeitos, e como que por resolução, quando se procede dos efeitos para as causas, porque as causas são mais simples e persistem de modo mais imutável e uniforme do que os efeitos; logo, o termo último de resolução nesta via é quando se chega às causas supremas, simples por excelência, que são as substâncias separadas. Às vezes, porém, procede de um ao outro de acordo com a noção, como quando se dá um procedimento de acordo com as causas intrínsecas; por composição, quando se procede das formas universais por excelência para o que é mais particular; por resolução, quando se procede ao inverso, porque o mais universal é mais simples; ora, o universal por excelência é o que é comum a todos os entes, e, assim, o termo último de resolução nesta via é a consideração do ente e do que cabe ao ente enquanto tal.

Ora, isto é aquilo a respeito do que a ciência divina considera, como foi dito acima, quer dizer, as substâncias separadas e o que é comum a todos os entes; donde, ser patente que sua consideração é intelectual por excelência. Segue-se também daí que ela fornece os princípios a todas as outras ciências, na medida em que a consideração intelectual é o princípio da racional, pelo que é chamada de filosofia primeira; no entanto, é aprendida depois da física e das outras ciências, na medida em que a consideração intelectual é o termo da racional, pelo que é chamada de metafísica, quase como além da física, pois, na resolução, ocorre depois da física.

1 Ao primeiro argumento, portanto, é preciso dizer que proceder intelectivamente não se atribui à ciência divina como se ela não raciocinasse, procedendo dos princípios para as conclusões, mas porque seu raciocínio é extremamente próximo da consideração intelectual e suas conclusões dos princípios.

2 Ao segundo, é preciso dizer que Deus está acima do intelecto criado no que diz respeito à compreensão, mas não acima do intelecto incriado, uma vez que ele se compreende ao inteligir. Na verdade, está acima de todo intelecto do peregrino no que diz respeito ao conhecimento pelo qual se conhece o que ele é, mas não no que diz respeito ao conhecimento pelo qual se conhece se ele é; entretanto, mesmo o que ele é é conhecido pelos bem-aventurados, pois veem sua essência. Enfim, a ciência divina não trata apenas de Deus,

mas também do demais que não excede o intelecto humano, mesmo no estado de peregrinação, no que se refere a conhecer a seu respeito o que é.

3 Ao terceiro, é preciso dizer que, assim como foi dito acima, a consideração humana, no que diz respeito a seu término, atinge de um certo modo o conhecimento angélico, não de acordo com a igualdade, mas de acordo com uma certa semelhança; daí, Dionísio dizer no capítulo 7º *Sobre os nomes divinos* que "as almas, pela congregação de muitos em um, são tidas como dignas de igualar os intelectos dos anjos, na medida em que é próprio e possível às almas".

4 Ao quarto, é preciso dizer que mesmo o conhecimento de fé pertence sobretudo ao intelecto. De fato, não o recebemos pela investigação da razão, mas o sustentamos por uma simples aceitação do intelecto. Diz-se que não o inteligimos na medida em que o intelecto não tem do que é de fé um conhecimento pleno; o que, de fato, nos é prometido como prêmio.

Artigo segundo

Quanto ao segundo, argumenta-se da seguinte maneira: parece que acerca do divino seja preciso entregar-se às imaginações. Com efeito, a ciência divina nunca é transmitida mais competentemente do que na Sagrada Escritura. Ora, na Sagrada Escritura, acerca do divino, somos entregues às imaginações, na medida em que o divino nos é descrito sob as figuras sensíveis. Logo, é preciso, acerca do divino, entregar-se às imaginações.

2 Ademais. O divino não é captado senão pelo intelecto, donde ser também preciso tratar disso intelectivamente, como se disse. Ora, não há inteligir sem imagem, como diz o

Filósofo nos livros I e III *Sobre a alma*. Logo, acerca do divino, é preciso entregar-se às imaginações.

3 Ademais. O divino se nos torna conhecido sobretudo pela iluminação do raio divino. Ora, como diz Dionísio no capítulo 1º da *Hierarquia Celeste* "é impossível o raio divino reluzir para nós senão recoberto pela diversidade dos véus sagrados"; e chama de véus sagrados as imagens do sensível. Logo, acerca do divino, é preciso entregar-se às imaginações.

4 Ademais. A respeito do sensível é preciso tratar imaginativamente. Ora, recebemos o conhecimento do divino a partir dos efeitos sensíveis, de acordo com o dito em Romanos 1,20: "O que é invisível de Deus, é divisado pela intelecção do que foi feito". Logo, acerca do divino, é preciso entregar-se às imaginações.

5 Ademais. No que respeita ao conhecimento regulamo-nos sobretudo pelo que é o princípio do conhecimento; assim como no que é natural, pelo sentido, a partir do qual nosso conhecimento começa. Ora, o princípio do conhecimento intelectual em nós é a imaginação, visto as imagens se compararem ao nosso intelecto como as cores à vista, como se diz no livro III *Sobre a alma*. Logo, acerca do divino, é preciso entregar-se à imaginação.

6 Ademais. Visto o intelecto não se servir de órgão corporal, a ação do intelecto não é impedida por lesão de órgão corporal, a não ser na medida em que se volta para a imaginação. Ora, o intelecto é impedido na consideração do divino pela lesão de órgão corporal, a saber, do cérebro. Logo, o intelecto considerando o divino entrega-se à imaginação.

Em sentido contrário está o que Dionísio diz no capítulo 1º da *Teologia Mística* falando a Timóteo: "Tu, ó amigo Timóteo, abandona o sentido acerca das visões místicas". Ora, a imaginação não diz respeito senão ao sensível, uma vez que é "movimento feito pelo sentido de acordo com o ato", como se diz no livro II *Sobre a alma*. Logo, como as considerações do divino caibam sobretudo à mística, nelas não devemos entregar-nos às imaginações.

2 Ademais. Na consideração de qualquer ciência deve-se evitar o que produz nela o erro. Ora, como diz Agostinho no livro I *Sobre a Trindade*, o primeiro erro acerca do divino é o daqueles que se esforçam por transferir para as coisas divinas o que conheceram sobre as coisas corporais. Logo, como a imaginação não se ocupa senão das coisas corporais, parece que acerca do divino não devemos entregar-nos às imaginações.

3 Ademais. Uma virtude inferior não se estende ao que é próprio da superior, como é patente por Boécio no livro V *Sobre a consolação*. Ora, conhecer o divino e o espiritual cabe ao intelecto e à inteligência, como se diz no livro *Sobre o espírito e a alma*. Logo, como a imaginação está abaixo da inteligência, como se diz no mesmo lugar, parece que acerca do divino e espiritual não devamos entregar-nos à imaginação.

Resposta. É preciso dizer que em qualquer conhecimento há uma dupla a ser considerada, a saber, o princípio e o termo. Com efeito, o princípio pertence à apreensão; o termo, porém, ao juízo; de fato, o conhecimento aí se perfaz. Por conseguinte, o princípio de qualquer conhecimento nosso está no sentido, pois da apreensão do sentido se origina a apreensão da fantasia que é "um movimento feito pelo sentido", como diz o Filósofo; da qual origina-se também em nós a apreensão intelectiva, visto as imagens estarem para a alma intelectiva como objetos, como é patente no livro III *Sobre a alma*. Ora, o termo do conhecimento não se apresenta uniformemente: com efeito, às vezes está no sentido, às vezes na imaginação, às vezes, no entanto, apenas no intelecto.

Com efeito, às vezes, as propriedades e acidentes da coisa que são mostrados pelo sentido exprimem suficientemente a natureza da coisa e então é preciso que o juízo que o intelecto faz da natureza da coisa se conforme ao que o sentido mostra da coisa; tais são todas as coisas naturais que são determinadas em conexão com a matéria sensível. Por isso, na ciência natural, o conhecimento deve terminar no sentido, de tal modo que, assim julguemos acerca das coisas naturais conforme o sentido as mostra, como é patente no livro III *Do céu e do mundo*; e quem negligencia o sentido em assuntos naturais cai em erro. É natural o que está agregado com a matéria sensível e o movimento, tanto de acordo com o ser como de acordo com a consideração.

Há, no entanto, algo cujo juízo não depende do que é percebido pelo sentido porque, embora de acordo com o ser esteja na matéria sensível, de acordo com a noção que o define é abstrato da matéria sensível; ora, o juízo de qualquer coisa se dá acima de tudo de acordo com sua noção que o define. Ora, visto que, de acordo com a noção que o define, não abstrai de qualquer matéria mas apenas da sensível, e removidas as condições sensíveis permanece algo imaginável, por isso no que é tal é preciso que o juízo seja emitido de acordo com o que a imaginação mostra; tais são as entidades matemáticas. Por isso, no que é matemático, é preciso que o conhecimento, de acordo com o juízo, seja terminado na imaginação e não no sentido, pois o juízo matemático supera a apreensão do sentido. Donde, às vezes, o juízo acerca da linha matemática não ser o mesmo que acerca da linha sensível; como nisto que a linha reta toca a esfera apenas de acordo com um ponto; o que convém corretamente à linha separada, mas não corretamente à linha na matéria, como se diz no livro I *Sobre a alma*.

Há, no entanto, algo que excede tanto o que cai sob o sentido como o que cai sob a imaginação, como aquilo que não depende em nada da matéria, nem de acordo com o ser, nem de acordo com a consideração; e por isso o conhecimento do que é tal, de acordo com o juízo, não deve ser terminado nem na imaginação nem no sentido. No entanto, a partir do que é apreendido pelo sentido ou pela imaginação, chegamos ao conhecimento disto, quer pela via da causalidade, assim como a partir do efeito considera-se a causa que não é comensurada com o efeito mas superior, quer por ultrapassamento, quer por remoção, quando separamos de tais coisas tudo o que o sentido ou a imaginação apreende. Dionísio sustenta estes modos de conhecer o divino a partir dos sensíveis, no livro *Sobre os nomes divinos*.

Portanto, podemos usar acerca do divino, tanto do sentido como da imaginação, como de princípios de nossa consideração, mas não como de termos, de modo que julguemos que o divino é tal qual é o que o sentido ou a imaginação apreende; ora, entregar-se a algo é ser terminado nele, e por isso acerca do divino não devemos nos entregar nem à imaginação nem ao sentido; acerca do matemático devemos nos entregar à imaginação e não ao sentido; acerca do que é natural devemos nos entregar também ao sentido. E por isso cometem um erro os que se esforçam por proceder uniformemente nestas três partes da especulativa.

1 Ao primeiro argumento, portanto, é preciso dizer que a Sagrada Escritura não nos propõe o divino sob figuras sensíveis para que o nosso intelecto aí permaneça, mas para que

destas ascenda ao imaterial; donde, transmitir o divino até pelas figuras das coisas vis, para que se dê menor ocasião de permanecer nestas, como Dionísio diz no capítulo 3º da *Hierarquia Celeste*.

2 Ao segundo, é preciso dizer que a operação do nosso intelecto não se dá no presente estado sem imagens no que se refere ao princípio do conhecimento; no entanto, não é preciso que nosso conhecimento se termine sempre nas imagens, de tal modo que julguemos que aquilo que inteligimos é tal qual é aquilo que a imaginação apreende.

3 Ao terceiro, é preciso dizer que aquela autoridade de Dionísio fala do que se refere ao princípio do conhecimento e não do que se refere ao seu termo; na medida em que, a partir dos efeitos sensíveis, chegamos ao conhecimento do divino pelos três modos supracitados, não porém de tal modo que seja preciso que o juízo seja formado acerca do divino de acordo com o modo pelo qual se apresentam estes efeitos sensíveis.

4 Ao quarto, é preciso dizer que aquela razão procede quando o princípio do conhecimento é suficientemente conducente àquilo cujo conhecimento se busca; deste modo o sentido é princípio acerca do que é natural, mas não acerca do divino, como foi dito.

5 Ao quinto, é preciso dizer que a imagem é princípio de nosso conhecimento como aquilo a partir de que principia a operação do intelecto, não como passando, mas como permanecendo como um certo fundamento da operação intelectual; assim como é preciso que os princípios da demonstração permaneçam em todo o procedimento da ciência, visto as imagens se compararem ao intelecto como objetos nos quais considera tudo o que considera, quer de acordo com a perfei-

ta representação, quer por negação. E por isso, quando o conhecimento das imagens é impedido, é preciso que o conhecimento do intelecto seja totalmente impedido, mesmo no que se refere ao divino. É, com efeito, patente que não podemos inteligir que Deus é a causa dos corpos, ou que está acima de todos os corpos, ou que é destituído de corporeidade, a não ser que imaginemos os corpos; no entanto, o juízo acerca do divino não é formado de acordo com a imaginação. Por isso, embora a imaginação seja necessária, no que se refere ao estado de peregrinação, em qualquer consideração do divino, nunca é preciso entregar-se a ela acerca do divino.

Artigo terceiro

Quanto ao terceiro, argumenta-se da seguinte maneira: parece que não podemos contemplar a própria forma divina, pelo menos no estado de peregrinação. Com efeito, como Dionísio diz na primeira carta ao monge Gaio "Se algum dos que veem a Deus, inteligiu o que viu, não viu a ele próprio mas algo do que cabe a ele". Ora, a forma divina é o próprio Deus. Logo, não podemos contemplar a própria forma divina.

2 Ademais. A forma divina é a própria essência divina. Ora, ninguém pode ver a Deus por essência no estado de peregrinação. Logo, nem contemplar a própria forma divina.

3 Ademais. Quem quer que contempla a forma de alguma coisa, conhece algo da própria coisa. Ora, de acordo com Dionísio no capítulo 1º da *Teologia Mística*, nosso intelecto une-se a Deus, na medida em que melhor o pode, quando não conhece absolutamente nada dele. Logo, não podemos contemplar a forma divina.

4 Ademais. Como foi dito, o princípio de todo nosso conhecimento é a partir do sentido. Ora, o que percebemos pelo sentido não é suficiente para mostrar a forma divina nem também das outras substâncias separadas. Logo, não podemos contemplar a forma divina.

5 Ademais. De acordo com o Filósofo no livro II da *Metafísica*, o nosso intelecto está para as coisas manifestíssimas como o olho da coruja para o Sol. Ora, o olho da coruja não pode de modo nenhum ver o Sol. Logo, nem o nosso intelecto a própria forma divina e as outras formas separadas que são naturezas manifestíssimas.

Em sentido contrário está que o Apóstolo diz em Romanos 1,20 que "o que é invisível de Deus é contemplado pela intelecção do que foi feito, a partir da criatura do mundo", isto é, a partir do ente humano "seu eterno poder, e a divindade". Ora, a forma divina nada mais é que a própria divindade. Logo, de algum modo, podemos conhecer pelo intelecto a própria forma divina.

2 Ademais. No Gênesis 32,30 acerca do versículo "vi o Senhor face a face" etc., a glosa de Gregório diz "A não ente que o ser humano a", isto é, a verdade divina "contemplasse de algum modo, não saberia que não pode contemplá-la". Ora, sabemos que não podemos contemplar perfeitamente a essência divina. Logo, de algum modo a contemplamos.

3 Ademais. Dionísio diz no capítulo 2º da *Hierarquia Celeste* que "o ânimo humano habitua-se a estender-se por meio do visível às altitudes supramundanas"; que nada mais são que as formas separadas. Logo, podemos de algum modo conhecer as formas separadas.

Resposta. É preciso dizer que algo é conhecido duplamente: de um modo quando se sabe acerca dele se é; de outro modo quando se sabe acerca dele o que é.

Ora, para que saibamos de alguma coisa o que é, é preciso que nosso intelecto seja levado à quididade ou essência da própria coisa, quer imediatamente, quer mediante algo que mostre suficientemente sua quididade.

De fato, nosso intelecto não pode ser levado imediatamente, enquanto no estado de peregrinação, à essência de Deus e às outras essências separadas, pois se estende imediatamente às imagens, às quais se compara como a vista à cor, como se diz no livro III *Sobre a alma*; assim, o intelecto pode conhecer imediatamente a quididade da coisa sensível, não porém de alguma coisa inteligível. Donde, Dionísio dizer no capítulo 2º da *Hierarquia Celeste* que a nossa analogia não tem poder de se estender imediatamente às contemplações invisíveis.

Ora, há alguns invisíveis cuja quididade e natureza é expressa perfeitamente a partir das quididades das coisas sensíveis e também acerca destes inteligíveis podemos saber o que é, mas mediatamente; assim como a partir do fato de que se sabe o que é o ente humano e o que é o animal torna-se conhecida suficientemente a referência de um ao outro e a partir disto sabe-se o que é o gênero e o que é a espécie.

No entanto, as naturezas sensíveis inteligidas não exprimem suficientemente a essência divina nem também outras essências separadas, visto não serem de um gênero, falando de acordo com a natureza, e quididade e todos os nomes deste tipo sejam ditos das substâncias sensíveis e daquelas substâncias como que equivocamente; donde, Dionísio chamar no capítulo 2º da *Hierarquia Celeste* as semelhanças das coisas sensíveis transferidas para as substâncias imateriais de "semelhanças dissemelhantes, tendo as intelectuais de outro modo o que está distribuído de outra maneira nas sensíveis"; assim, pela via da semelhança, aquelas substâncias não se tornam suficientemente conhecidas a partir destas. Nem também pela via da causalidade, pois o que se encontra efetuado por aquelas substâncias aqui embaixo não são efeitos que se igualem às suas virtudes de modo que assim se possa chegar a saber a quididade da causa.

Donde, acerca daquelas substâncias imateriais, enquanto no estado de peregrinação, não podemos de modo nenhum saber o que é, não só por via do conhecimento natural, mas também por via da revelação; pois, o raio da revelação divina chega até nós de acordo com o nosso modo, como Dionísio diz. Donde, embora sejamos elevados pela revelação para conhecer algo que de outro modo seria desconhecido para nós, não o somos a que conheçamos de outro modo que não pelos sensíveis; donde, Dionísio dizer no capítulo 1º da *Hierarquia Celeste* que "é impossível o raio divino reluzir para nós senão recoberto pela diversidade dos véus sagrados"; ora, a via que passa pelos sensíveis não basta para conduzir às substâncias imateriais de acordo com o conhecimento do que é. Resta, assim, que as formas imateriais não nos são conhecidas por conhecimento do que é, mas apenas por conhecimento de se é, quer pela razão natural a partir dos efeitos das criaturas, quer também pela revelação que se dá por semelhanças tomadas dos sensíveis.

No entanto, cabe saber que, acerca de coisa nenhuma, pode ser sabido se é, a não ser que de algum modo se saiba a respeito dela o que é, quer por conhecimento perfeito, quer pelo menos por conhecimento confuso; conforme o Filósofo diz no princípio da *Física* que os definidos são conhecidos antes das partes da definição. Com efeito, é preciso que, quem conhece que o homem é e que procura o que é o homem por definição, saber o que este nome "homem" significa. Isto, porém, não se daria a não ser que concebesse de algum modo a coisa que sabe ser, embora desconheça sua definição. De fato, concebe o homem de acordo com o conhecimento de algum gênero próximo ou remoto e de alguns acidentes do mesmo que aparecem exteriormente. Com efeito, é preciso que o conhecimento das definições, como também o das demonstrações, tenha início a partir de algum conhecimento preexistente. Assim, portanto, não podemos saber, tanto de Deus como das outras substâncias imateriais, se é, a não ser que saibamos de algum modo a seu respeito o que é sob uma certa confusão.

Ora, isto não pode se dar pelo conhecimento de algum gênero próximo ou remoto, pelo fato de que Deus não está em nenhum gênero, visto não ter quididade distinta de seu ser; o que é requerido em todos os gêneros, como diz Avicena. No entanto, as outras substâncias imateriais criadas estão efetivamente num gênero; embora, sob a consideração da lógica, se reúnam com estas substâncias sensíveis no gênero remoto que é a substância, falando do ponto de vista do estudo da natureza, não se reúnem no mesmo gênero, como também não os corpos celestes com estes daqui debaixo; com efeito, o corruptível e o incorruptível não são de um gênero, como se diz no livro X da *Metafísica*. De fato, o lógico considera de maneira absoluta as intenções inteligíveis, de acordo com as quais nada impede que os imateriais se reúnam com os materiais e os incorruptíveis com os corruptíveis; mas o estudioso da natureza e o filósofo primeiro consideram as essências na medida em que têm ser nas coisas e, deste modo, onde encontram um modo distinto de potência e ato, e por isso, um modo diverso de ser, dizem que há gêneros diversos. Semelhantemente, também, Deus não tem nenhum acidente, como se provará em seguida; as outras substâncias imateriais, se têm alguns acidentes, não nos são eles conhecidos. Por isso, não podemos dizer que as substâncias imateriais são conhecidas por nós, com conhecimento confuso, pelo conhecimento do gênero e dos acidentes aparentes, mas no lugar do conhecimento do gênero temos nestas substâncias o conhecimento pelas negações, como quando sabemos que tais substâncias são imateriais, incorpóreas, não tendo figuras e similares; quanto mais negações conhecemos a respeito delas, tanto menos confuso é o conhecimento delas em nós, pelo fato de que a negação anterior é restringida e determinada pelas negações subsequentes, assim como o gênero remoto pelas diferenças. Donde, até mesmo os corpos celestes, na medida em que são de outro gênero em relação a estes daqui debaixo, o mais das vezes, são conhecidos por nós por negações, em vista de que nem são leves nem graves, nem quentes nem frios; no lugar, porém, dos acidentes temos nas substâncias supramencionadas suas referências às substâncias sensíveis, quer de acordo com a relação da causa ao efeito, quer de acordo com a relação de ultrapassamento.

Assim, portanto, conhecemos acerca das formas imateriais se é e temos delas, no lugar do conhecimento do que é, o conhecimento por negação, por causalidade e por ultrapassamento. Modos que Dionísio sustenta também no livro *Sobre os nomes divinos*. Boécio entende que cabe contemplar a própria forma divina deste modo, pela remoção de todas as imagens; não para que se saiba a respeito dela o que é.

Por meio disto fica patente a solução para os argumentos apresentados; pois as primeiras razões procedem acerca do conhecimento perfeito do que é, as outras, porém, acerca do conhecimento imperfeito tal como foi dito.

Artigo quarto

Quanto ao quarto, argumenta-se da seguinte maneira: parece que pode se chegar a contemplar a forma divina pelas ciências especulativas. Com efeito, a teologia é parte da ciência especulativa, como Boécio diz aqui. Ora, cabe à teologia contemplar a própria forma divina, como se diz aqui. Logo, pode chegar-se a conhecer a forma divina pelas ciências especulativas.

2 Ademais. Determina-se acerca das substâncias imateriais em alguma ciência especulativa, pois se o faz na ciência divina. Ora, qualquer ciência que determina de alguma substância, contempla a forma desta substância; pois todo conhecimento se dá pela forma e o princípio de toda demonstração de acordo com o Filósofo é a quididade. Logo, podemos contemplar as formas separadas pelas ciências especulativas.

3 Ademais. A felicidade última do ser humano de acordo com os filósofos consiste em inteligir as substâncias separadas; de fato, visto que a felicidade é a operação mais perfeita, é preciso que se refira ao que de mais perfeito cai no intelecto, como pode colher-se do Filósofo no livro X da *Ética*. Ora, esta felicidade da qual falam os filósofos é uma operação procedente da sabedoria, visto que a sabedoria é a virtude mais perfeita da potência mais perfeita, isto é, o intelecto e esta operação é a felicidade como se diz no livro X da *Ética*; logo, as substâncias separadas são inteligidas pela sabedoria. Ora, a sabedoria é uma certa ciência especulativa, como está patente no princí-

pio da *Metafísica* e no livro VI da *Ética*. Logo, podemos inteligir as substâncias separadas pelas ciências especulativas.

4 Ademais. É inútil o que não pode atingir o fim por causa do qual é. Ora, a consideração de todas as ciências especulativas ordena-se, como ao fim, ao conhecimento das substâncias separadas, pois, em qualquer gênero, o que há de mais perfeito é o fim. Logo, se tais substâncias não pudessem ser inteligidas pelas ciências especulativas, todas as ciências especulativas seriam inúteis. O que é inaceitável.

5 Ademais. Tudo o que é naturalmente ordenado a algum fim tem incluídos em si alguns princípios pelos quais pode chegar a este fim, pelos quais se inclina também para este fim; com efeito, os princípios dos movimentos naturais são interiores; ora, o ente humano é ordenado naturalmente ao conhecimento das substâncias imateriais como ao fim, assim como ensinado pelos santos e pelos filósofos; logo, tem naturalmente incluídos em si alguns princípios deste conhecimento. Ora, tudo aquilo a que podemos chegar a partir de princípios naturalmente conhecidos pertence à consideração de alguma ciência especulativa. Logo, o conhecimento das substâncias imateriais pertence a algumas ciências especulativas.

Em sentido contrário está que o Comentador diz no livro III *Sobre a alma*, que a esta tese segue-se, ou que as ciências especulativas ainda não estejam acabadas, visto que ainda não foram encontradas aquelas ciências pelas quais possamos inteligir as substâncias separadas; isto se acontecer que ainda não inteligimos as supracitadas substâncias, por causa da ignorância de alguns princípios; ou, se acontecer que não podemos encontrar aquelas ciências especulativas pelas quais sejam inteligidas as supracitadas substâncias por causa de um defeito de nossa natureza, segue-se que, se alguns são naturalmente aptos para encontrar tais ciências, nós e eles sejamos equivocamente entes humanos. Dos quais, o primeiro é improvável, o segundo impossível. Logo, não pode dar-se que inteligamos as supracitadas substâncias por meio de algumas ciências especulativas.

2 Ademais. Nas ciências especulativas são investigadas as definições pelas quais as essências das coisas são inteligidas por via da divisão do gênero em diferenças e pela investigação das causas da coisa e dos seus acidentes, os quais contribuem em grande parte para conhecer a quididade. Ora, não podemos conhecer isto acerca das substâncias imateriais; pois, como já foi dito, falando do ponto de vista do estudo da natureza, não se reúnem num gênero com estas substâncias sensíveis a nós conhecidas; quanto à causa, ou não a têm, como Deus, ou nos é ela ocultíssima, como a causa dos anjos; também os seus acidentes nos são desconhecidos. Logo, não pode haver alguma ciência especulativa pela qual cheguemos a inteligir as substâncias imateriais.

3 Ademais. Nas ciências especulativas, as essências das coisas são conhecidas pelas definições; ora, a definição é um discurso composto do gênero e das diferenças. Ora, as essências daquelas substâncias são simples, não intervindo nenhuma composição nas suas quididades, como se vê pelo Filósofo e pelo Comentador no livro IX da *Metafísica*. Logo, não podemos inteligir as supracitadas substâncias pelas ciências especulativas.

Resposta. É preciso dizer que nas ciências especulativas procede-se sempre a partir de algo previamente conhecido, tanto nas demonstrações das proposições quanto também nas descobertas das definições; de fato, assim como alguém chega ao conhecimento da conclusão a partir das proposições já conhecidas, assim também alguém chega ao conhecimento da espécie a partir da concepção do gênero e da diferença e das causas da coisa. Ora, aqui não é possível proceder ao infinito, quer no que concerne às demonstrações, quer no que concerne às definições, pois, assim toda ciência pereceria, visto que não acontece atravessar os que são infinitos; donde, toda consideração das ciências especulativas reduzir-se a algo primeiro que, de fato, o ente humano não tem necessariamente de aprender ou descobrir, de modo que não seja preciso proceder ao infinito, mas tem naturalmente o conhecimento disto. Tais são os princípios indemonstráveis das demonstrações, como "todo todo é maior que sua parte" e similares aos quais todas as demonstrações das ciências se reduzem, e também as primeiras concepções do intelecto como a de ente, de uno e similares, às quais é preciso reduzir todas as definições das supracitadas ciências. Pelo que fica patente que nada pode se saber nas ciências especulativas, nem por via de demonstração, nem por via de definição, senão apenas aquilo a que se estende o que é naturalmente conhecido supracitado.

Ora, o assim naturalmente conhecido se manifesta ao ente humano a partir da própria luz do intelecto agente que é natural ao ente humano; pela qual luz, efetivamente, nada se nos manifesta senão na medida em que as imagens se tornam inteligíveis em ato por ela; este é, de fato, o ato do intelecto agente como se diz no livro III *Sobre a alma*. Ora, as imagens são recebidas do sentido, donde o princípio do conhecimento dos princípios supramencionados se dar a partir do sentido e da memória, como é patente pelo Filósofo no fim dos *Segundos Analíticos*; assim, tais princípios não nos levam mais além senão àquilo cujo conhecimento podemos receber a partir do que é abarcado pelo sentido.

Ora, a quididade das substâncias separadas não pode ser conhecida pelo que recebemos pelos sentidos como é patente pelo que foi dito; embora possamos, pelo sensível, chegar a conhecer que as supracitadas substâncias são e algumas de suas características; assim, não pode se saber, por nenhuma ciência especulativa, acerca de alguma substância separada o que é, embora possamos saber, pelas ciências especulativas, que elas são e algumas de suas características como, por exemplo, que são intelectuais, incorruptíveis e similares.

Esta é também a sentença do Comentador no livro III *Sobre a alma*. Embora Avempace tenha dito o contrário, pelo fato de que considerava que as quididades das coisas sensíveis expressam suficientemente as quididades imateriais; o que é patente ser falso, como o Comentador o diz no mesmo lugar, visto que a quididade é dita de ambas como que equivocamente.

1 Ao primeiro argumento, portanto, é preciso dizer que Boécio não tem a intenção de dizer que podemos contemplar o que é a própria forma divina pela ciência teológica, mas apenas que ela está além de todas as imagens.

2 Ao segundo, é preciso dizer que certas coisas são por si mesmas cognoscíveis por nós e no esclarecimento destas as ciências especulativas se servem de suas definições para demonstrar suas propriedades, como acontece nas ciências que demonstram o porquê. Há, porém, certas coisas que não são por si mesmas cognoscíveis por nós, mas por seus efeitos; se, efetivamente, o efeito for comparável à causa, toma-se a própria quididade do efeito como princípio para demonstrar que a causa é e para investigar sua quididade, a partir da qual, por

sua vez, são mostradas suas propriedades; se, porém, o efeito não for comparável à causa, então a definição do efeito é tomada como princípio para demonstrar que a causa é e algumas características suas, embora a quididade da causa seja sempre ignorada. Assim acontece nas substâncias separadas.

3 Ao terceiro, é preciso dizer que a felicidade do ente humano é dupla. Uma imperfeita, que se dá no estado de peregrinação, da qual fala o Filósofo, e esta consiste na contemplação das substâncias separadas pelo hábito da sabedoria; imperfeita, no entanto, e tal como é possível no estado de peregrinação, não que a quididade das mesmas seja sabida. A outra é perfeita na pátria, na qual o próprio Deus será visto por essência e as outras substâncias separadas; ora, esta felicidade não se dará por alguma ciência especulativa, mas pela luz da glória.

4 Ao quarto, é preciso dizer que as ciências especulativas ordenam-se ao conhecimento imperfeito das substâncias separadas, como foi dito.

5 Ao quinto, é preciso dizer que são incluídos em nós os princípios pelos quais podemos nos preparar para este conhecimento perfeito das substâncias separadas, não, porém, pelos quais possamos chegar a ele. Com efeito, embora o ente humano se incline naturalmente para o fim último, não pode alcançá-lo naturalmente, mas somente pela graça; e isto por causa da excelência deste fim.

SOBRE O LIVRO

Coleção: Biblioteca Clássica
Formato: 14 x 21 cm
Mancha: 23 x 42 paicas
Tipologia: Venetian 301 12,5/15
Papel: Offset 75 g/m² (miolo)
Cartão Supremo 250 g/m² (capa)
1ª edição: 1999

EQUIPE DE REALIZAÇÃO

Produção Gráfica
Edson Francisco dos Santos (Assistente)

Edição de Texto
Fábio Gonçalves (Assistente Editorial)
Nelson Luís Barbosa (Preparação de Original)
Armando Olivetti Ferreira e
Nelson Luís Barbosa (Revisão)
Oitava Rima Prod. Editorial (Atualização Ortográfica)

Editoração Eletrônica
Oitava Rima Prod. Editorial

Projeto Visual
Lourdes Guacira da Silva Simonelli

Impressão e acabamento